eye.

守望者

———

到灯塔去

The Soul at Work
From Alienation to Autonomy

灵魂在工作
从异化到自主

Franco "Bifo" Berardi

［意］弗朗科·"比弗"·贝拉尔迪 著

李小均 译

南京大学出版社

The Soul at Work: From Alienation to Autonomy
© 2009 Franco "Bifo" Berardi
Simplified Chinese Edition Copyright © 2025 by NJUP
江苏省版权局著作权合同登记　图字：10-2024-13号

图书在版编目（CIP）数据

灵魂在工作：从异化到自主 /（意）弗朗科·比弗·贝拉尔迪著；李小均译. --南京：南京大学出版社，2025.6. -- ISBN 978-7-305-28899-9

Ⅰ. D033.3

中国国家版本馆 CIP 数据核字第 2025RL2571 号

出版发行	南京大学出版社
社　　址	南京市汉口路 22 号　　邮　编 210093

LINGHUN ZAI GONGZUO: CONG YIHUA DAO ZIZHU

书　　名	灵魂在工作：从异化到自主
著　　者	［意］弗朗科·"比弗"·贝拉尔迪
译　　者	李小均
责任编辑	章昕颖
照　　排	南京紫藤制版印务中心
印　　刷	江苏凤凰通达印刷有限公司
开　　本	787 mm×1092 mm　1/32　印张 10.625　字数 150 千
版　　次	2025 年 6 月第 1 版　2025 年 6 月第 1 次印刷
ISBN	978-7-305-28899-9
定　　价	75.00 元
网　　址	http://www.njupco.com
官方微博	http://weibo.com/njupco
官方微信	njupress
销售咨询	025-83594756

* 版权所有，侵权必究
* 凡购买南大版图书，如有印装质量问题，请与所购
　图书销售部门联系调换

一旦世界变得太快,
人们无法根据情感的缓慢节奏
对其进行细致的体察与回应……

目 录

序 言：灵魂在罢工　　i
引 言　　1

I 20世纪60年代哲学中的劳动与异化

工人和学生团结起来战斗　　9

现代知识分子　　12

意大利工人主义视角　　18

主体性与异化　　21

历史与本体论之间的异化　　31

异化与疏离　　36

特隆蒂和马尔库塞　　41

结构主义与《资本论》　　47

《政治经济学批判大纲》中的一般智力与具体
　　总体　　58

汉斯-于尔根·克拉尔的理论：科学、工作
　　和技术　　70

数字泛逻辑主义　　76

Ⅱ　工作中的灵魂

数字劳动与抽象　　83

企业和欲望　　87

什么是财富？　　92

劳动、交流、社群　　96

网络中的认知劳动　　101

不幸福的工厂　　105

自我实现和拒绝工作　　108

百忧解经济　　114

恐慌抑郁综合征与竞争　　118

虚拟阶级和知本阶级　　125

Ⅲ　中毒的灵魂

从无法交流到过度交流　　131

在语言的荒漠中　　137

《蛇蛋》　　140

异化与欲望　　145

欲望是一种幻象　　148

界限、他异性、重组　　151

抑郁和混沌互渗　　159

世界的衰败　　164

迭奏美学　　166

伦理与情感　　173

艺术作为类混沌　　175

精神分裂分析、治疗和艺术　　179

债务、时间、财富　　184

欲望与仿真：文德斯在东京　　188

欲望与仿真：鲍德里亚在美国　　195

鲍德里亚与福柯之争　　200

仿真和力比多　　209

事件的消失（和回归）　　215

自杀　　221

致病的他异性　　228

不适与抑郁　　233

结构与欲望　　237

精神分裂症的符号学　　245

Ⅳ　不稳定的灵魂

放松管制与控制　　251

变得不稳定　261

灵魂的塑造　271

生物信息学本体论　274

结　语

今日经济萧条和心理抑郁的根源　283

超出我们的知识范围　288

灾难和形态发生　291

如何治疗抑郁？　294

无尽的治疗过程　301

注　释　304

序　言：灵魂在罢工

杰森·史密斯　撰

灵魂是身体不可测的偏斜（clinamen），是身体降落的方式，以及身体与其他身体保持一致的原因。灵魂是身体的重力。正是身体与其他身体保持一致的倾向，构成了世界。伊壁鸠鲁和卢克莱修代表的唯物主义传统，提出了一个"没有世界的时间"概念，在其中，身体如雨，穿过无底的虚空，肩并肩地垂直降落，直到一次突然的不可预测的偏离或转向——偏斜——身体相互倾斜，然后就永远聚合在一起。灵魂不在皮肤之下。它是身体偏转的角度，它是随后将这些身体聚合在一起的东西。灵魂与其说隐藏在身体之内，不如说是它隔离了身体；灵魂在身体之间，灵魂是身体之间的一致性，是身体之间的亲和力。灵魂是身体共有之物：它既不是一种形式，也不是某个东西，而是一种节奏、一种特定的振动方式、一种共鸣。灵魂是频率、调谐或音调。

在关于认知资本主义的当代辩论中，谈论"工作中的灵魂"，就是转移辩论的重心。灵魂不仅仅是抽象的容器，对特定事物的涵摄，它还是一个美学器官，是思想在空间中的收缩和扩张、在时间中的加速和流逝中的暴露。说灵魂用于工作，即断言"社会脑"或"一般智力"（这里使用了在当代辩论中颇为流行的马克思的两个术语）不是生产过程中价值的主要来源。毋宁说，灵魂是依恋和品位、吸引和倾向织成的一张网。灵魂不仅是智力运行的场所，更是情感和力比多的力量——注意力、表达能力、关心和吸引他人的能力——这些力量共同编织成了一个世界。认知资本主义的当代主体（比弗说的知本阶级[1]，但或许

---

[1] "cognitariat"是一个相对较新的词，它由"cognition"（认知）和"-ariat"（表示某一社会阶层或群体的后缀）组合而成。这个词用于描述在认知资本主义社会中，主要从事知识工作、信息处理、创意和创新活动的人。简而言之，"cognitariat"指的是认知劳动者阶层，他们通过运用自己的智力、知识和创造力来为社会创造价值。——编辑注

还有其他的名字）不仅是知识的生产者和符号的管理者。资本主义是一种同情（pathos）的动员和一种情绪的组织；它的主体，是一个欲望场，是一个像谣言一样传播的不带个人情感的拐点。知本阶级自带一种病毒。

《灵魂在工作》自称是一项"精神病理学"实验，它描述了集体灵魂中的某些东西如何陷入停顿。世界变得沉重、浓厚、晦暗、顽固。然而，还是有一丝暗光透过来。随着可能性的灭绝，某种东西敞开。我们不再感到有必要采取行动，也就是说，不再感到有必要产生成效。我们的被动性几乎像是一种解脱，一种拒绝，一种对于不再属于我们的可能性的系统停用。我们看到了这种可能性的本质：强加于人，令人窒息。随着可能性的消失，在陷入抑郁的零点，我们有时会被自己的潜力抓住：这种力量不再投资于实现的向量，而是回流到我们身上。

比弗认为，当信息流的速度和复杂性压倒了"社会脑"管理信息流的能力时，就会引发恐慌，不久后伴随着突降的沮丧，抑郁由此产生。比弗还认为，今日抑郁如此普遍，是因为当代剩余价值生产的组织建立在速度的积累现象之上。在《政治经济学批判大纲》著名的几页内容中，马克思谈到了资本价值化过程中的一个趋势，一个极限点：存在这样一个不可能的可能性，资本可能以无限速度"无流通时间"流通，以至于从资本流通的一个时刻到下一个时刻将以"思维的速度"发生。这样的资本甚至在离开自身之前就会回到自身，在没有遇到障碍的过程中经历所有阶段，在没有时间的理想时间中，在没有持续性的瞬间的耀眼闪光中，一个周期收缩成一个点。比尔·盖茨这样的权威在《未来时速》（比弗引用了这本书，作为这一起点在当代的标志）中重演了这一幻想：资本的极限点——资本极力走向这个极限点，也就是它的消失点。盖茨在这本书中总结了信息流通的这种可能性，他想象，信息的流通将"像人类思维一样快速自然"地发生。

　　速度和速度不同。在这里，致病的不仅是速度现象本身。社会工厂同样受制于引起动荡的体验，如节奏变化、速度差异和像鞭子一样抽打的重新转向，这些体验被强加于灵活的、不稳定的、永久待命的、配备了最新式手机的劳动力身上。这种工作组织方式——由一支永久性的临时劳动力队伍负责准时制生产——也反映在民主帝国主义特有的治理形式中。这种治理依靠对紧迫性的强调、持续的动员，以及规范的搁置来维持，即危机治理、例外统治。如今，经济领域和政治领域已无法分割。在这两个领域中，都存在着一种被操控的混乱，即对混乱的管理。旧福利国家的社会契约和生产休战已经消失。如今，不稳定才是日常秩序。混乱是一种治理技术。抑郁看起来与其说像是欲望的枯竭，不如说更像一种顽固的、痛苦的力比多减速或自我破坏，一种遣散。灵魂在罢工。

《灵魂在工作》想要回答这个问题：我们是如何从 20 世纪 60 年代工人斗争的特定形式（其特征是工人普遍与资本主义生产组织"疏离"）到今日的地步的——工作变成了精神和情绪投资的核心场域，与此同时，这种新的欲望经济诱导了一系列集体病理,从注意力障碍到新形式的阅读障碍,从突然恐慌到大规模抑郁。换言之,我们是如何从20世纪60和70年代的社会对抗(彼时工人力量被吊诡地描绘为对工作的拒绝,工人脱离资本主义价值化过程,具有自足性,具有自己的组织形式,可以逃离工厂规训)过渡到过去二十年的经历——工作成了我们身份的核心,不再是经济上而言的需要,而是构建自我的关键?简言之,我们是如何从逃离工作到认同工作的?

1977年发生了某种变异。比弗以这种变异为故事的依托。正是在这一年,拒绝工作在意大利自治运动中达到高潮;在这一年,对抗和工人需求的逻辑——马里奥·特隆蒂(Mario Tronti)称之为无产阶级的"对抗意志"——让位于欲望的逻辑,在后者中,社会生产力不再能够用严格的经济范畴来解释,叛乱向量也不再映射到旧的社会战争想象上。在20世纪60年代的斗争中,工人需求的核心范畴主要呈现两种形式。在消费领域,有一种称为"政治"定价的直接民主形式,在这种直接民主中,社区和城市各地单方面降低了住房、交通和电力等商品和服务的成本。这基于一个集体的决定：拒绝在定价中考虑任何经济合理性。在生产领域，对抗的主要杠杆是工资斗争，在这场斗争中，工人力量表现为拒绝将工资水平与生产率联系起来，坚持将工资视为"独立变量"。1977年的这些事件代表了需求和对抗的逻辑让位于欲望和逃避的逻辑，这种转变正是《灵魂在工作》真正开始的地方。因为它的故事涉及的恰是大规模从工厂规训中叛逃的后果，即单方面从资本及其合作伙伴——工会和工人党——为"拯救"战后意大利经济而制定的社会契约中撤离的后果。它问的是：作为政治的基本领域而得到肯定的欲望领域（这种想象和情感的领域）曾一度导致对工作领域的集体放弃，它是如何转变成当代工作秩序中的特权力量，转变为价值生产的特权时刻的？欲望将情感、语言、认知和想象的能量编织在一起，这些能量在20世纪60和70年代对工作制度的反抗中得到自我体现，但吊诡的是，这种反抗又受到资本的利用。这种对灵魂及其欲望的殖民——灵魂本身进入生产过程——产生了悖论效果。它将劳动力转化为管理学的人力资本，利用和投入工作的不是抽象的、一般化的劳动力，而是特殊的劳动力，是我带入劳动过程中的心理、认知和情感力量的独特组合。因为这种当代的重新格式化是通过激发我的特定创造力和智力来运作的，所以我将工作体验为社会生活中我最自由、最能实现欲望的部分，最像自我的部分。

《灵魂在工作》使用一种它称之为构成主义的方法分析资本在其"认知"阶段的现代动力。比弗使用"构成主义"这个术语，为的是避免使用"工人主义"来描述他既继承又与之决裂的那种特定的意大利马克思主义思潮引起的种种误解。尽管严格来说，古典工人主义阶段始于20世纪60年代初，随着（比弗参与的）"工人力量"（Potere Operaio）组织在1973年解散而结束，但构成主义思想的更大领域今天仍然非常活跃，涵盖了诸如保罗·维尔诺（Paolo Virno）、安东尼奥·奈格里（Antonio Negri）、莫雷齐奥·拉扎拉托（Maurizio

Lazzarato)等思想家代表的广泛趋势。

这一传统建立在三个相互关联的理论创新上：首先是这样一个公理，断言工人斗争在资本发展中最为重要；其次是这样一种研究，将工人阶级构成的变化作为破译新形式政治组织和行动的关键；最后是马克思（在《政治经济学批判大纲》中）的描述，将"一般智力"的出现作为一种工人力量的形态，威胁破坏组织生产以榨取剩余价值的基础。第一个理论要求，每一次对资本结构变化的分析，不应基于资本本身的内部矛盾，而是将其理解为对无产阶级进行侵略的某种反应和利用：只有工人不服从才能启动资本的重组。在这种反应中，资本的有机构成，即固定资本与可变资本的比率，经历了突变。这种反应引起工人阶级内部一致性的重构。工人的拒绝优先，这条公理反过来要求发展无产阶级经验的现象学。这种现象学描述了工人阶级各个层面不断变化的内部构成，识别了在直接生产过程中将扮演主导角色的新兴阶层，例如，继早期社会构成中熟练工人拥有霸权地位之后，福特主义工厂中的大众工人日益重要。基于这种对工人阶级不同阶层的分析,新的政治组织和行动形式(超越了列宁主义政党及其革命战略)适合这种构成。最后那个关于"一般智力"的理论(在这个理论中,马克思认为,自动化在生产过程中的应用发展到了这样一个时刻。劳动时间不再被视为价值的衡量标准),暗示了前面的两个理论:向越来越自动化的生产系统迈进,被视为对围绕工作日的工人斗争的反应,而智力和知识作为一种生产力量的设定,随着某些行业(在比弗的分析中,即知本阶级)作为劳动的范式出现,意味着工人阶级构成的变化。由于阶级构成方法是为了寻找社会战争的新开端,将其提升到更复杂、更强烈的层次,日渐基于知识生产和管理的劳动过程的幽灵出现了,对古典的劳动分工及其相应的组织图谱形成了侵蚀。对马克思关于一般智力的分析施加压力,使构成主义传统中的激进分子能够绘制出当代阶级对立动力的一系列变异。理论与实践之间的区别的崩溃,管理生产和生产本身之间的区别的崩溃,可能将整个社会普遍化为冲突场所,削弱工厂作为生产和剥削的独特地点的绝对特权。

《灵魂在工作》从这些分析前提开始。使用"一般智力"这个理论作为起点，来描述认知资本的动力，它重塑了这个概念，以包括在当代工作体验中发挥作用的各种情绪、情感和审美的肌理和经验，同时赋予它另一个名字：灵魂。由此，《灵魂在工作》解释了当前积累制度的出现，是对自20世纪60年代开始，在1977年达到顶峰（随着自主领域的扩散和工人需求被共产主义欲望取代，此时出现了对工厂和工资关系的大规模逃离）的无产阶级拒绝工作的浪潮愈演愈烈的反应。最重要的是，它试图破译由认知工人（cognitive worker）作为范式的新阶级构成所开启的可能的政治形式。列宁主义政党的模式和对资产阶级国家的革命性破坏的最终内爆，暗示着政治形式和向量中的变异是什么。换言之，在后政治时代，随着与早期阶级的构成形成对应的组织和行动的经典形式的消亡，今天的可能性是什么？

近日，我们又开始谈论共产主义。我们虽不

知道它是什么，但它是我们想要的。《灵魂在工作》神秘的几行结尾要求我们思考一种共产主义的可能性，它是一个永无止境的自主极点的构建过程，这些极点通过"治疗性传染"的方式彼此联结。比弗暗示，政治仍然属于整体的秩序。无论将其理解为通过国家调解及司法等同的形式来管理的社会冲突，还是将其理解为一种不可化约的对抗性实践，政治总是与总体性、否定的逻辑及形而上学范畴联系在一起。后政治时代并不像恩格斯曾经梦想的那样，走向对事物的管理，而是为在此大胆地称之为治疗之物敞开了大门。也就是说，借助"幸福的奇异化"的构建，来摆脱大都市不幸工厂的桎梏。

比弗在 1975 年创立了博洛尼亚自治朋克杂志《穿越》（*A/traverso*）。这本杂志的战斗口号是："幸福若是集体性的，那么实践幸福就具有颠覆性。"不管这个口号多么沉闷，今天仍然在回响。今天，我们还可以补充说：只有在生产独特化时，幸福才是集体性的。比弗称当代生产的组织（在这种生产组织中，灵魂及其情感、语言和认知的力量投入工作之中）为"不幸工厂",因为在后福特主义工厂指挥的工作中,其主要功能不是创造价值,而是制造主体性:将精神空间的塑造和精神病理学的诱导作为控制技术。在资本主义发展的一个阶段,社会必要劳动量是如此微不足道,以至于它不能再被认真地视为价值的衡量标准,工作秩序的幽灵般的余生完全成为一种政治上的必要。工作是规训问题,是生产顺从。当工作成为力比多和自恋投资的场所,编织出一张抑斥和依赖的网,利用而非压制欲望时,我们就变得依附并困于我们自己的不幸。

"幸福"是一个脆弱的词。在他写的一部关于费利克斯·加塔利的书中,比弗承认,这个字眼可能听起来"俗气和平庸",我们甚至还会补充说腐朽,因为它在全球小资产阶级的臭嘴里待了足够长的时间,被永远玷污了,已经凋萎。我们的形而上学家对它不屑一顾。黑格尔将其与麻木的直接性等同起来,认为它苍白如一张白纸。康德同样明确,他将他的道德哲学建立在这样一个前提下:值得幸福比幸福更好——伦理学在价值秩序和由审美肌理及时空偶然性构建的情感秩序之间的断层中展开。精神分析教导我们，幸福的到来是有代价的：放弃动力，这远非驱逐它们，而是使它们变得更糟糕，最终，它们会以罪恶感和残酷自我折磨的形式反击我们。

在《政治经济学批判大纲》中，马克思责备亚当·斯密将自由与幸福、工作与需求、牺牲和受难混淆在一起。他大声疾呼，这是真的，只有从当前的工作制度的角度来看，工资劳动才是"外部强制劳动"。倘若工作对我们来说是牺牲，有一天它也可以是"自我实现"：构建和掌握自身的存在条件，自由作为自我客体化，像生产自我本身一样创造世界。在一个不再由小集团通过暴力、犯罪和经济理由垄断生产资料的社会中，工作将变得诱人。马克思认为，劳动将变得诱人，因为劳动不再是工作，而是对工作的否定和克服，是快乐的积累和社群的集体构建。这样的快乐绝非浅薄的游戏，更非廉价的"娱乐"（但愿这样的事情不会发生），而是马克思所说的"该死的严肃"："真正自由的工作，例如作曲，恰恰既是最该死的严肃，也是最强烈的努力。"

未来共产主义的任务是构建自主的极点，使马克思所说的"个人的自我实现"与比弗所言的"快乐的独特化"，成为人人可享的可能。然而当代工作制度却完美颠覆了马克思的设想——工作已经成为欲望投资的场域，如今却滋生出病态与抑郁，而非孕育那"该死的严肃"的幸福实践。创造治疗性传染区，不仅需要从陈旧的工资形式中叛逃（在这种形式中，我们仍然假装用工作时间来衡量价值），还需要对自己进行一番劳作，摆脱对工作的依恋。拒绝工作的伟大时代要求我们向自己发起进攻。今天，我们得知，这种破坏性的政治让位于一种主要是美学性质的治疗：创作一段迭奏，构成一片脱离社会工厂及其时间规训的领地。对马克思来说，真正自由的工作——幸福本身——的最好例子是"作曲"，创作共产主义的乐章。现在我们知道：未来的共产主义的美学范式在于生活形式的奇异化（singularization）和精制化（elaboration），这种共产主义的乐章将解放那个它在其中回荡并传播的空间。

引 言

> 那些认为灵魂无形的人是在胡说八道，因为如果灵魂真的是如此之本性，它就无法对其他事物施加影响，也无法受到其他事物的影响；但实际上，这两种功能在灵魂那里显然是清晰可辨的。
>
> ——伊壁鸠鲁，《致希罗多德的信》，第 67 段[1]

我打算讨论的灵魂与精神并没有多大关系。毋宁说，灵魂是有生命的气息，把生物性的物质转化为生命性的身体。

我想以一种唯物主义的方式来探讨灵魂。正如斯宾诺莎说的：身体能够做的东西，就是它的灵魂。

为了描述随工业社会的形成而兴起的服从的过程，米歇尔·福柯把现代性的故事说成对身体的规训，借助社会生产机器，建造能够征服身体的制度和设备。工业剥削涉及身体、肌肉和手臂。那些身体，如果没有生气、灵活性、智性和反应力，便一文不值。

后福特主义生产模式（我把它称作符号资本主义）的兴起，则把心灵、语言和创造性当作价值生产的首要工具。在数字生产领域，剥削主要作用于人类劳动时间所生产的符号流（semiotic flux）上。

我们正是在这个意义上谈论非物质生产。语言和金钱根本就不是隐喻，然而它们是非物质的。它们什么也不是，却什么都能做：它们移动、置换、复制、摧毁。它们是符号资本的灵魂。

如果今天我们要继续福柯的谱系学工作，我们就必须把理论关注的焦点转向心理反应、语言和想象力的自动性，从而转向在网络中发生的异化的、不稳定的精神工作的新形式。

本书中，我将重新考察在20世纪60年代占主导地位的马克思主义的语言，试图重新确立其就后结构主义、精神分裂分析和赛博文化的语言而言的活力。

尽管"灵魂"这个词在那个历史时期从未被使用过，但我想以一种隐喻的，甚至有点讽刺的方式使用它，从而重新思考许多问题的核心，也就是异化问题。黑格尔认为，这个问题就是人类本质与活动之间的关系，但从意大利工人主义的唯物主义视角来看，异化被定义为人类时间和资本主义价值之间的关系，即身体和灵魂的物化。在20世纪的黑格尔-马克思主义传统中，"异化"概念特别指的是存在于肉体和人类本质之间的关系。对黑格尔来说，"异化"一词指的是自我变成他者，指的是存在于生命和存在物之间的历史和世俗的分离。

在马克思那里，异化的概念意味着生活与劳动之间的分裂，工人的身体活动与他们的人性、他们作为人的本质之间的分裂。青年马克思赋予了异化概念一个关键角色，这位《1844年经济学哲学手稿》的作者是 20 世纪 60 年代激进哲学的主要参照。

在马克思的语言中，就像在此前黑格尔的语言中，异化（Entäusserung）和疏离（Entfremdung）是两个从不同立场描绘同一过程的术语。前者指的是意识面对资本统治下的对象时的失落感；后者指的是意识与外部场景的对抗，指的是自主意识的创造，这种自主意识基于拒绝自身对工作的依赖。

意大利工人主义思想颠覆了那些年占主导地位的马克思主义观念：工人阶级不再被视为异化的被动客体，而是被视为能够从资本主义社会的利益中疏离出来的、说"不"的积极主体，能够由此建立一个共同体。

因此，异化不再被视为人类本真性的丧失，而是被视为对资本主义利益的疏离；是在一个与劳动关系疏离和敌对的空间中，构建一种最终的人类关系的必要条件。

在法国后结构主义的语境中，一种对传统临床异化观的类似颠覆找到了自己的道路：精神分裂，被精神病学视为自我意识的分离和丧失；而加塔利却以全新的方式重新思考它。精神分裂不是意识分裂的被动效应，而是一种多元的、激增的、游牧的意识形式。

在本书中，我想比较 20 世纪 60 年代基于黑格尔异化和总体化的概念框架与我们当前基于生命政治和欲望精神病理学的概念框架。

在第一章，我打算描述 20 世纪 60 年代哲学与劳动理论之间的关系。在黑格尔主义复兴的浪潮和批判理论的构成中，工业劳动是从异化的角度被审视的，工业工人对剥削的反抗被视为去异化过程的开始。

在第二章，我将解释工作过程的逐步心理化，以及随之而来的灵魂奴役。把灵魂投入工作，这是新形式的异化。我们的欲望能量困在自我企业（self-enterprise）的把戏中，我们的力比多投资按照经济法则进行调节，我们的注意力被变化不定的虚拟网络捕获。心理活动的每个片段都必须转化为资本。我将描述欲望在价值化过程中的引导作用，以及将灵魂置于工作过程的支配下的精神病理学意蕴。

在第三章，我将追溯几种激进理论的演变，从唯心主义的异化观到精神病理学的分析观。我还将比较（德勒兹和加塔利的）欲望哲学与（鲍德里亚的）仿真哲学，强调它们不但有差异，而且可互补。

在第四章，我将尝试概述劳动（特别是认知劳动）变得不稳定的影响，以及语言和情感受生命政治支配的影响。

在结语中，我将评论当前全球经济这一综合心理机器有机体的崩溃。全球经济在 2008 年金融危机之后的崩溃，可能为灵魂开启一个自主和解放的新时代。

20 世纪 60 年代
哲学中的劳动与异化

工人和学生团结起来战斗

20世纪60年代,马克思主义成为结构主义、现象学和新黑格尔主义等不同思想流派的吸引力中心,1968年爆发的席卷全球的运动可以被视为一项在许多概念层面上发展的理论工作的起点,抑或不同理论工作的交汇。

在1968年,人类历史前所未有地同步,我们可以看到全世界的大量人民——工人和学生——与资本主义巨兽和威权主义作斗争。

从这个角度来看,1968年的运动是有意识的全球化的第一个现象。首先,国际主义存在于其推动者的意识中。在伯克利,你会为越南动员;在布拉格,学生们与苏联的威权主义作斗争;而在米兰,敌人是资本主义国家。尽管各地的运动不同,但其中产生的积极意义是相同的。

这些运动的意义是新的历史联盟的出现。这是大规模知识劳动与工人对工业劳动的拒绝之间的联盟。

尽管深植于20世纪的历史,尽管由20世纪的不同思想流派激励,但1968年的全球运动标志着工业社会退出的开始,标志着一个导致现代民族-国家分离的过程的开始。

工人和学生:这个二元组标志着一般社会劳动力构成的新特性,意味着与20世纪历史相关的一种新型创新潜力的表达。

知识、技术和科学劳动的出现,是20世纪60年代的标志:1968年运动的政治力量来自已成为大众的学生;在世界的层面上,他们已成为以强大同质性为特征的一般社会劳动力的一部分。

同样是在20世纪60年代,工业工人阶级对劳动组织日渐疏离,直到这种疏离变成了公开的不服从和有组织的反抗。

在某些生产行业,例如在汽车生产周期中,劳动具有大规模非个性化的特征:正是在这些行业中,更显著地爆发了对工作的拒绝。在20世纪70年代中期,整个欧洲汽车生产周期遭到工人斗争、破坏和旷工浪潮的冲击,直到一次旨在重新确立资本主义统治的技术重组击败了工人的力量。这次技术重组意味着机器对人工的取代、整个生产周期的自动化和对精神活动的压制。

"工人和学生们团结起来战斗"可能是所谓的"意大利红色双年"中最重要的口号。在1968年和1969年,这句口号出现在成千上万的集会、会议、罢工和示威中。它们远远超出政治和意识形态的联盟或表面形式的团结。它们是劳动与智力有机整合的标志,它们意味着对马克思在《政治经济学批判大纲》中讨论过的一般智力的有意识构建。

那些年表述的理论问题、社会学想象和哲学批判,都直接包含在学生运动的社会和文化发展中(它与基于拒绝工业劳动的运动,进行文化和生产融合)。

意大利新马克思主义,通常名之为"工人主义",这个思想流派关注的焦点是工人阶级斗争和知识技术转型之间的关系。

现代知识分子

今天,"知识分子"这个词已经失去了它在20世纪具有的大部分意义,当时围绕这个词聚集的不仅是社会知识问题,还有伦理学和政治学问题。在20世纪后半叶,知识劳动的性质完全改变,逐渐被吸收到经济生产的领域。一旦数字技术使认知劳动(cognitive labor)的个体碎片的连接成为可能,被分割的知识劳动就受到了价值生产周期的支配。左翼的意识形态和政治形式,作为20世纪的遗产,在这种新背景下变得效率不高。

在过去的资产阶级社会的背景下,在现代启蒙运动领域,知识分子并不是由其所处的社会状况来定义的,而是作为普世价值体系的代表。启蒙运动赋予知识分子的角色,是通过行使理性来确立和保障对人权、平等和普世法律的尊重。

现代知识分子的形象在康德的思想中找到了哲学的正当性。在那个背景下,知识分子作为独立于社会经验的形象出现,或者至少在其伦理和认知选择上不受社会影响。作为普遍人类理性的承载者,启蒙知识分子可以被视为康德"我思"的社会体现。知识分子是思想不受任何束缚的保障,是普遍人类理性的表达。在此意义上,知识分子是民主的保障者。民主不可能源自任何文化根源或归属,只能源自充满可能性和选择的无垠地平线,源于作为符号体和主体的每个人享有普遍理性和公民身份的机会,他们为了享有普遍理性而进行符号交换。从这个意义上说,知识分子的形象与浪漫主义的人民概念相对立,或者更确切地说,是从这种概念中逃脱出来的。孕育了现代民主历程的普世思想,确实是对历史性和文化地域性的一种逃避。民主不能带有任何文化、民族或传统的印记:它必须是无根基的游戏、发明和规则,而不是对归属感的宣示。

历史唯物主义和辩证唯物主义提出了一个完全不同的观点:知识分子成为特定历史信息的代理人,注定要从思想史走向社会阶级史。在《关于费尔巴哈的提纲》第11点中,马克思提到知识在历史过程中必须扮演的角色：

> 哲学家们只是用不同的方式解**释**世界，问题在于改变世界。[1]

马克思主义知识分子认为自己是历史过程的工具，旨在创造一个没有阶级的社会。共产主义蓝图使理论成为物质力量，知识成为改变世界的工具。只有参与到消灭阶级和雇佣劳动的斗争中时，知识分子才真正成为普遍使命的推动者。

知识分子角色在20世纪政治哲学，特别是在始于列宁的共产主义革命思想中至关重要。在《怎么办？》中，列宁将领导历史进程的任务赋予知识分子，以符合工人阶级的利益。知识分子作为一种自由精神的代表，服务于新兴的利益，知识分子是党的化身，从根本上说，党就是集体知识分子。对列宁来说，知识分子不是一个社会阶级，他们没有特定的利益要支持。他们可以成为

---

1 马克思恩格斯文集（第一卷），中共中央马克思恩格斯列宁斯大林著作编译局编译，人民出版社，2009年版，第506页。

源自哲学思想的革命意识的推动者和组织者。在此意义上,知识分子最接近精神的纯粹生成,最接近黑格尔式的自我意识发展。尽管工人是社会利益的代理人,但他们只能通过体现和传递哲学遗产的党的政治结构,从纯粹的经济阶段(黑格尔的社会存在的自我意识)走向有意识的政治阶段(自我意识本身)。

葛兰西把有关知识分子的思考变得更加具体和形象,但他仍然认为这个形象与人道主义知识分子相关,远离任何生产的动力。直到20世纪下半叶,知识分子的角色才开始改变性质,因为其职能在生产的技术过程中变得越来越重要。

萨特的作品对于催生1968年运动的文化氛围具有极其重要的影响。在萨特的作品中,知识分子的概念仍然与意识的视角联系在一起,而不是与生产和社会视角联系在一起:

> 知识分子是这样一种人:他们以人类和社会的整体观念的名义,干预与己无关的事务,并宣称质疑既定的真理和受其影响被广

> 泛接受的行为……我认为，那些为了完善原子战争技术而研究原子裂变的科学家不应该被称为"知识分子"：他们是科学家，仅此而已。但是，如果这些科学家，被他们帮助创造的这些装置的破坏力吓坏了，联合起来签署一份宣言，向公众警告原子弹的危险，他们就成了知识分子……他们走出了自己的能力领域——制造原子弹是一回事，评估其使用是另一回事……他们不是基于原子弹可能存在的任何技术缺陷来抗议其使用，而是以一套极具争议的价值观为名，这套价值观将人的生命视为最高标准。[2]

对萨特来说，知识分子是主动投身普遍性事业的人，而非被社会指派参与其中的人。但是，一旦知识劳动异化为一种直接的生产功能，一旦科学家沦为认知生产机器的工人，一旦诗人沦为广告这种想象生产机器的文案撰写者，知识分子便不再承载任何普遍性使命。知识劳动就此沦为资本自主运作过程的一环。

在 1968 年，这个问题的转变是含蓄的，即使只有一小部分运动意识到了这一点。

随着教育普及化以及生产的技术和科学变革，知识分子的角色被重新定义：他们不再是一个独立于生产的阶级，也不再是承担纯粹道德和自由认知选择任务的自由个体，而是成为大众社会主体，往往成为一般生产过程不可分割的一部分。保罗·维尔诺谈到"大众智力"，用以理解在先进工业社会中与知识分子能力的大众化相对应的社会主体性。在 20 世纪 60 年代，学生运动的兴起是这种新知识分子形象出现在社会舞台上的转变标志。

意大利工人主义视角

如前所说，20世纪60年代末日趋成熟的这种视角转变，被所谓的意大利工人主义［马里奥·特隆蒂、拉涅罗·潘齐耶里（Raniero Panzieri）、安东尼奥·奈格里、罗曼诺·阿尔卡蒂（Romano Alquati）、塞尔吉奥·布罗纳（Sergio Bologna）］以一种新颖的方式加以分析。我更愿意将这个思想流派称为"构成主义"，因为它的基本理论贡献在于从社会构成的角度来重新表述政治组织问题。

构成主义重新定义了列宁主义关于党作为集体知识分子的概念，同时抛弃了知识分子的概念，提出了对马克思"一般智力"概念的新解读。马克思在《政治经济学批判大纲》中的《机器论片段》一文里谈到了"一般智力"：

> 自然界没有造出任何机器，没有造出机车、铁路、电报、自动走锭精纺机等等。它

们是人的产业劳动的产物,是转化为人的意志驾驭自然界的器官或者说在自然界实现人的意志的器官的自然物质。它们是人的手创造出来的人脑的器官;是对象化的知识力量。固定资本的发展表明,一般社会知识,已经在多么大的程度上变成了直接的生产力,从而社会生活过程的条件本身在多么大的程度上受到一般智力的控制并按照这种智力得到改造。它表明,社会生产力已经在多么大的程度上,不仅以知识的形式,而且作为社会实践的直接器官,作为实际生活过程的直接器官被生产出来。[3] 1

在 20 世纪上半叶的共产主义革命时期,马克思列宁主义传统忽略了"一般智力"的概念,因此将智力功能视为外在的、在哲学的纯粹精神领域内被决定的政治方向。但在后工业生产转型期

---

1 马克思恩格斯文集(第八卷),马克思、恩格斯著,中共中央马克思恩格斯列宁斯大林著作编译局编译,人民出版社,2009年版,第 198 页。

间，一般智力作为最重要的生产力出现。在 20 世纪末，由于数字技术和全球电信网络的构建，一般社会过程[1]被重新定义为"一般智力"。葛兰西关于有机知识分子[2]的概念也失去了它的具体参照，因为它基于知识分子对意识形态的依恋，而如今重要的是创造一个新的社会领域，我们可能想要称之为"知本阶级"，代表"一般智力"的社会主体性。

如果我们想定义当今变革的核心，我们必须关注认知劳动的社会功能。知识劳动不再是一种与一般劳动分离的社会功能，而是横向作用于整个社会过程中，它成为技术和语言接合区域的造物，确保生产过程和社会交流的流畅。

---

1 社会过程（Social Process），指在社会系统中发生的一系列相互关联、相互影响的社会行动和互动。这些过程包括个人之间的互动、群体之间的互动，以及社会结构和制度的影响。——编辑注

2 有机知识分子（organic intellectual）区别于与统治阶级的利益紧密相关、其思想和行动往往维护现有的社会和政治秩序的传统知识分子，他们与特定的社会阶级有机地联系在一起，代表该阶级的利益和世界观。葛兰西特别强调工人阶级需要发展自己的有机知识分子，以对抗统治阶级的意识形态和文化霸权。——编辑注

主体性与异化

在 20 世纪 60 年代,我们可以在马克思主义思想领域中找到三种倾向。

第一种强调青年马克思的思想、他的人道主义使命,以及主体性问题:这种倾向强调自身与黑格尔思想,尤其是与《精神现象学》的连续性。

第二种主要关注《资本论》,关注马克思的认识论在与黑格尔主义分道扬镳后的工作:这种倾向可以与结构主义联系起来。

第三种发现并强调《政治经济学批判大纲》的重要性:这种倾向强调"构成"和"一般智力"的概念,同时保持了与现象学的概念联系。

马克思的早期作品很晚才由负责保护其学术和教义的机构(主要是马克思列宁主义研究所)出版发行。马克思的《1844 年经济学哲学手稿》直到 1957 年才出版,收入柏林迪茨出版社的《马克思恩格斯全集》。这部作品引起了争议，因为它揭示了另一个与《资本论》的严肃作者不同的马克思。在《1844年经济学哲学手稿》中，马克思考虑了工人的主体性，因此淡化了经济唯物主义。

从20世纪50年代开始，萨特领导了一场批判斗争，反对马克思主义研究中的教条主义和决定论，为人道主义表述和反对辩证还原主义的主体性重估开辟了道路。但是，萨特的哲学出发点是一种从根本上反黑格尔的存在主义。

即使在黑格尔辩证法领域内，也有支持重估主体性的例子。人们对黑格尔思想产生了新的兴趣，首先是在20世纪20年代，然后通过法兰克福学派的研究，最后随着20世纪60年代的黑格尔复兴，促成了主体性问题和历史过程中"人的特殊性"问题的出现。

为了更好地理解主体性主题的逐渐出现，我们可以开始重读马克思的《1844年经济学哲学手稿》，这部早期著作在20世纪60年代的马克思主义研究，以及更广泛的批判文化领域中都极为重要。

异化的概念是青年马克思思想的核心，也是 20 世纪 60 年代政治和哲学问题的核心。我们且来尝试理解这个词的含义：

> 工人生产的财富越多，他的生产的影响和规模越大，他就越贫穷。工人创造的商品越多，他就越变成廉价的商品。物的世界的增值同人的世界的贬值成正比。……工人对自己的劳动的产品的关系就是对一个异己的对象的关系。因为根据这个前提，很明显，工人在劳动中耗费的力量越多，他亲手创造出来反对自身的、异己的对象世界的力量就越强大，他自身、他的内部世界就越贫乏，归他所有的东西就越少。宗教方面的情况也是如此。人奉献给上帝的越多，他留给自身的就越少。[4] 1

马克思关注的是，资本主义生产结构中，

---

1 马克思恩格斯文集（第一卷），马克思、恩格斯著，中共中央马克思恩格斯列宁斯大林著作编译局编译，人民出版社，2009 年版，第 156—157 页。

工作状况的人类学后果。困在赚取工资的生产关系中的人会发生什么？本质上是这样的：工薪阶层在生产活动中投入的能量越多，他就越强化了敌人的力量，即资本的力量，留给自己的东西就越少。为了生存，为了获得工资，工人必须放弃他们的人性，放弃对时间与精力的人性化投入。

异化概念源自马克思对宗教问题和对路德维希·费尔巴哈思想的持续思考：

> 宗教方面的情况也是如此。人奉献给上帝的越多，他留给自身的就越少。工人把自己的生命投入对象；但现在这个生命已不再属于他而属于对象了。……凡是成为他的劳动的产品的东西，就不再是他自身的东西。因此，这个产品越多，他自身的东西就越少。工人在他的产品中的外化不仅意味着他的劳动成为对象，成为外部的存在，而且意味着他的劳动作为一种与他相异的东西不依赖于他而在他之外存在，并成为同他对立的独立

力量；意味着他给予对象的生命是作为敌对的和相异的东西同他相对立。[5] 1

在 20 世纪 60 年代的社会环境中，随着工业社会的全面发展，成熟的资本主义生产越来越多的商品，为消费者创造了财富条件，并兑现了让所有人过上更满意的经济生活的承诺。但是，经济需求的满足伴随着生活的逐渐丧失，乐趣的逐渐丧失，属于自己的时间的逐渐丧失。数百万人在他们的生活中有此体验：经济机器越强大，工人的生活就越悲惨。这种经验在那些年里广泛传播，马克思的早期作品能够解释它。异化概念定义了这一主题领域。马克思受黑格尔概念背景的影响，赞成对异化进行黑格尔式的解读。

我们可以看到，《1844 年经济学哲学手稿》背后是黑格尔唯心主义的主题场景。实际上，这部作品在 20 世纪 60 年代的发现，伴随着法兰克福学

---

1 马克思恩格斯文集（第一卷），马克思、恩格斯著，中共中央马克思恩格斯列宁斯大林著作编译局编译，人民出版社，2009 年版，第 157 页。

派批判思想和衍生于唯心主义的人道主义的广泛传播。

异化的概念架构在某种程度上是唯心主义的,因为它预设了人类的本真性,即一种已经丧失、被否定、被剥夺、被暂停的本质。因此,青年马克思将共产主义视为对一种被资本主义生产关系所否定的人的本真本质的复归。换言之:共产主义革命进程被构想为对一种原始同一性的复归,而这种同一性的扭曲、暂时的湮灭——即其"异化"——正体现在工人当下的处境之中。

> 它是人向自身、也就是向社会的即合乎人性的人的复归,这种复归是完全的复归,是自觉实现并在以往发展的全部财富的范围内实现的复归。这种共产主义,作为完成了的自然主义,等于人道主义,而作为完成了的人道主义,等于自然主义,它是人和自然界之间、人和人之间的矛盾的真正解决,是存在和本质、对象化和自我确证、自由和必然、个体和类之间的斗争的真正解决。它是

历史之谜的解答,而且知道自己就是这种解答。[6] 1

青年马克思学说的意识形态弊端完全在于这一预设:存在"人的普遍本质",而工人阶级状况的具体历史恰恰代表其对立面。但是,如果这种预设并非建立在人类本质的唯心主义设定上,那么它的依据是什么呢?在这里,马克思的语言揭示了它与黑格尔概念的连续性,以及它在唯心主义问题中的持续性。

为了更好地理解异化概念的唯心主义功能,以及围绕人的普遍本质和历史主体性概念的相关唯心主义系统,我们需要参考黑格尔的著作,参考黑格尔语言的动力:

> 与"我"作为抽象的"自为存在"(being-for-itself)相对立的,同样有它的"无机自然"(inorganic nature),作为"存在"。我与

---

1 马克思恩格斯文集(第一卷),马克思、恩格斯著,中共中央马克思恩格斯列宁斯大林著作编译局编译,人民出版社,2009年版,第186页。

它［它的无机自然］消极地相关，并将其作为两者的统一而否定，但以这样一种方式，即我首先将那个抽象的自为存在塑造为它的自我，［在其中］看到自己的形式，因此也消耗了自己。就存在本身而言，自然需求的形式和范围是多种多样的。满足这些需求的东西被加工，它们的普遍内在可能性被设定［表达］为外在可能性或形式。然而，这种对事物的加工本身是多方面的；它是意识将自己化为事物。但在普遍性的层面中，它变成了抽象劳动。需求是多种多样的。它们的多样性在自我中的结合（即劳动），是一种抽象的普遍模式，不过［这是］一个自我推动的形成过程。[7]

在这里，劳动的异化特征明确地（即使是以非常晦涩的、典型的黑格尔式语言）与精神的衍变联系起来，与自为存在和为他的存在（being-for-the other）的辩证法联系起来。这种思维方式吸收了劳动和资本主义征用的全部（具体的、历史的）辩证法，将之纳入唯心主义的主体与实体辩证法中。在黑格尔的《精神现象学》中我们读到：

> 此外，活的实体是作为主体的存在，或者说，实际上是主体，它只有在设定自身的过程中，或成为自我异化与自身的中介时，才是实存的。这个实体作为主体，是纯粹的简单否定性……只有这种自我复归的同一性，或者这种他异性在自身内在的反思——不是作为某种原初的或直接的同一性——才是真理。它是自身生成的过程，是一个圆圈，这个圆圈以自身的终结作为目标，同时其终结也是开端；并且唯有通过实现其终结，它才是现实的。[8]

尽管批评了唯心主义哲学，马克思在《1844年经济学哲学手稿》中仍被困在黑格尔的概念体系中，他提出将共产主义视为"存在与本质之间斗争的解决"时，赋予了共产主义一种超越的特征，好像在现有的矛盾之外有一个根本的超越，代表要实现的真理。这种共产主义的超越性视角在工人运动的历史中并非没有后果。

历史与本体论之间的异化

批判理论所获得的巨大成功可以在这种唯心主义复兴的背景下理解，其基础可以在霍克海默、阿多诺和马尔库塞等作者的著作中找到。

一方面，异化问题是法兰克福学派批判思想的核心，也是存在主义者——尤其是萨特——反思的重点，尽管他们的出发点和侧重点存在明显的差异。就存在主义和法兰克福学派批判思想中最显著的两个例子而言，萨特和马尔库塞的立场尽管截然不同，但都立足于相同的平台，即人道主义的根基，由此开启摆脱资本主义的解放过程。审视这些不同立场，将使我们能够深入了解对我们来说重要的问题：异化哲学概念的活力，以及其在20世纪60年代历史和政治斗争中的枯竭。存在主义将异化视为人类境况不可避免的构成要素，因为他异性（社会关系的前提）和物化（生产关系的前提）都意味着自我的丧失。在社会关系中,在他异性的存在下,隐含着某种形式的异化或不安。"他人即地狱",存在主义如此宣称。他人是异化的地狱,与我们所处的社会状况无关。

另一方面,黑格尔、马克思和法兰克福学派都认为,异化在本体论上并不与他异性和物化等同,而是构成了一种历史决定的形式,因此就历史的角度而言是可以克服的。

对此问题,马丁·杰伊在其关于法兰克福学派的著作《辩证的想象》中写道:

> 对马尔库塞来说,萨特错误地将荒谬变成了一种本体论条件,而非历史境况。结果,他回到了一种唯心主义的自由观,将自由视为内在的、与外部异在的世界相对立之物。尽管他宣称自己怀有革命意图,但他的政治立场与哲学思想是完全背道而驰的。萨特将自由置于"自为存在"(pour-soi)之中,而"自为存在"有可能沦为"自在存在"(en-soi 或 an-sich),如此一来,他便以一种

否认和解（哪怕是作为乌托邦式的可能性）的方式，将主体性与客观性割裂开来。[1] 此外，萨特过分强调主体的自由，忽视历史境况产生的限制，从而无意中成为现状的辩护者。如萨特般认为，即使命运很可怕，人们也会选择自己的命运，这是骇人听闻的……对马尔库塞来说，一种没有先验本质概念的"存在主义"哲学方案是不可能的。[9]

在马尔库塞最重要的作品之一《理性和革命》中，我们读到：

> 工人与他的产品异化，同时也与他自己异化。他的劳动不再属于他自己，而变成了

---

1 在萨特的哲学中，"自为存在"和"自在存在"是两个核心概念，构成了其存在论的基础。前者指人的意识的存在方式，代表了人的主观性、自由和超越性；后者指除了人以外的所有事物的存在方式，代表了事物的客观性、必然性和事实性。萨特通过这两个概念来探讨人与世界的关系，以及人的自由和责任。他认为，尽管人的存在开始于"自为存在"的自由，但最终必须面对"自在存在"的现实限制。这种关系揭示了人的存在的复杂性和动态性，以及人在世界中的处境。通过这种区分，萨特强调了人的自由意志和选择的重要性。——编辑注

别人的财产,这表明了一种剥夺,触及了人的本质。真正意义上的劳动是人类真正自我实现、充分发挥自身潜能的媒介。"[10]

在此,马尔库塞将两个截然不同的主题联系在一起,好像它们是同一个主题:(由劳资斗争的社会史和技术创新史具体决定的)潜能的发展和人类自我实现。

前者是一个具体而确切的问题,后者则是一个典型的唯心主义的、本质主义的问题。

相反,根据萨特在《辩证理性批判》中的观点,异化不是别的,而是他异性的内在方式,这是社会关系和人类境况的构成形式。

马尔库塞将异化视为一种历史形式,可以历史地克服;萨特却想要将历史境况建立在人类学基础上:他将历史的人类学根源置于稀缺性和他异性之上。

萨特将自己置于黑格尔领域之外,因为他不认为异化是存在与本质之间的历史分离。这就是为什么他不构想超越或脱离人类学维度的稀缺性和他异性的概念。他拒绝了辩证唯物主义建立的共产主义的神学视角。萨特认为,从人类学的角度而言,稀缺性是历史关系的重要成分。

异化与疏离

意大利工人主义（或者我更喜欢称之为"构成主义"）的哲学风格始于潘齐耶里和特隆蒂的作品，以与人道主义截然不同的术语展现异化问题，摆脱了新黑格尔主义和法兰克福学派的那种视角及其存在主义的萨特版本。

在人道主义视角看来，异化是人类之间的分离，是历史存在中人类本质的丧失。

构成主义即使完全同意对辩证法和历史教条主义的批判，也不期望任何人性的恢复，不宣扬任何人类普遍性，而是将其对人性的理解建立在阶级冲突上。

构成主义颠覆了异化问题中隐含的问题。正是因为工人生存境况的极度不人道，一个人类集体才能建立，一个不再依赖于资本的社群才能建立。事实上，正是工人与他们劳动的疏离，正是这种异化感和对之的拒绝，才构成了一个独立于资本的人类集体的基础。

在《工人阶级》(Classe operaia)和《工人力量》(Potere operaio)杂志上发表的文章中,"疏离"这个词取代了"异化"这个词,后者不可避免地暗示从前有一种人类本质,只不过在历史进程中失落了,它在等待一种综合体,能够重建它,能够将其作为一种积极性再生产出来。劳动不再被视为人类社会性的自然条件,而是一种需要经历政治批判的具体历史条件。对"劳动主义"的批判已经出现在马克思的早期著作中:

> 因此,这种劳动不是满足一种需要,而只是满足劳动以外的那些需要的一种手段。劳动的异己性完全表现在:只要肉体的强制或其他强制一停止,人们就会像逃避瘟疫那样逃避劳动。外在的劳动,人在其中使自己外化的劳动,是一种自我牺牲、自我折磨的劳动。最后,对工人来说,劳动的外在性表现在:这种劳动不是他自己的,而是别人的;劳动不属于他;他在劳动中也不属于他

自己，而是属于别人。在宗教中，人的幻想、人的头脑和人的心灵的自主活动对个人发生作用不取决于他个人，就是说，是作为某种异己的活动，神灵的或魔鬼的活动发生作用，同样，工人的活动也不是他的自主活动。他的活动属于别人，这种活动是他自身的丧失。[11] 1

劳动是一种与工人的生存疏离的活动，它通过整个现代文明历史过程中建立的规训结构强加给日常生活。只有从劳动中疏离出来，解放动力才成为可能，将欲望的流动从（工业）重复转向（认知）差异。疏离概念意味着由疏离行为决定的一种意向性。

从什么中疏离？从依赖于资本的劳动形式中疏离。

当工人能够将异化转化为积极的疏离，也就

1　马克思恩格斯文集（第一卷），马克思、恩格斯著，中共中央马克思恩格斯列宁斯大林著作编译局编译，人民出版社，2009年版，第160页。

是说，转化为拒绝，他们就不会遭受异化。

> 工人阶级将自己的劳动当作资本、当作一种敌对力量、当作一个敌人来面对。这不仅是对抗的出发点，也是对抗组织的出发点。如果工人的异化有任何意义，这就是一种非常革命性的意义。异化的组织：这是党可以引导阶级自发性的唯一可能的方向。目标仍然是拒绝，但在更高的层次上：它变得积极，变成集体性的活动，成为大规模、有组织和有计划的政治拒绝。因此，工人阶级组织的当下任务是克服被动性。[12]

特隆蒂讨论的异化不是以人道主义术语（人类本质的丧失）来描述的，而是作为一种疏离生产方式及其规则的状况，作为对劳动的拒绝。工人主义-构成主义的思想风格以其对人道主义内涵的颠覆而著称：人道主义衍生的负面思想视为异化标志的东西，工人主义-构成主义者则将之视为疏离的标志，视为拒绝与资本主义经济的普遍利益相认同。换言之，它被视为那些叛逆者的境况（他们认为自己的部分人性是一个优点，是更高社会形式的前提、更高级人类形式的前提），而不是被迫放弃他们人性本质之人的境况。

特隆蒂将工人阶级描述为一个"粗鲁的异教种族"，这是针对马尔库塞的唯心主义以及不相关的人道主义和神学视角而言。马尔库塞的唯心主义不但将这两种视角投射到无产者社会构成的现实，投射到无产阶级的工作条件，还投射到工人在大都市地区能够实现的社会化和斗争过程之上。

特隆蒂和马尔库塞

《单向度的人》是马尔库塞最有影响力的作品之一，1964 年出版于美国。在这本书中，马尔库塞预言了工人阶级被整合进资本主义系统的命运。因此，他认为，对于那些希望改变社会秩序的人，有必要将他们的政治注意力转向生产之外的边缘领域，远离直接的生产关系领域。马尔库塞的分析对当时的青年文化产生了持续的影响，因为它似乎预见了学生运动将成为反资本主义斗争的领导力量，以取代已遭整合，因此不可救药、无法实现革命斗争目的的工人阶级。

在马尔库塞的书中，1968 年的青年找到了给已在欧洲流传一段时间，但表达不够清晰的一个观念赋予明确形式所需的主题和词汇。这个观念就是，在法西斯主义和战争结束仅二十年后，欧洲社会已经是一个封闭的社会……欧洲社会甚至在对未来变化的希望层面上也是封闭的,因为青年认为大部分工人阶级及其代表性政党属于传统左翼,已经被整合进现有的社会体系,因此不再可信,是一个无法带来革命性创新的历史主体。[13]

正是那些没有参与生产过程的学生(或者至少他们认为是这样),带来了工人阶级已经失去的变革的希望,因为工会化、经济主义、改善的物质条件和消费主义已经让工人阶级被资本主义体系同化。这个观念在那些年里广为流传,并成为学生意识的一部分。

工人阶级已经失去了任何自治能力,被牢牢困在消费社会的罗网之中:马尔库塞如是描述美国和欧洲社会。然而,归根结底,马尔库塞在1964年预言的是一个社会和平日益增长的时期,在这个时期里,学生将不得不承担起捍卫岌岌可危的人文主义意识的重任。

一种舒舒服服、平平稳稳、合理而又民

主的不自由在发达的工业文明中流行,这是技术进步的标志。[14] 1

技术发展和功能原则带来了社会整合,其效果是取消了冲突和潜在的革命动力。因此,富裕社会被视为对人类本真性的控制。

新的技术工作世界因而强行削弱了工人阶级的否定地位:工人阶级似乎不再与既定的社会相矛盾。……统治转化为管理。[15] 2

如今,几十年后,我们可以看到马尔库塞的话语中有重要的预示成分。"统治转化为管理"这一说法需要在创造一个经济和金融自动化体系的新视角下重新思考,这个体系显然没有替代品。今天,重新阅读马尔库塞可能是有用的,但在20世纪60年代,他的作品传播产生的是负面影响,至少从特隆蒂的立场来看是这样。

---

1 单向度的人,赫伯特·马尔库塞著,刘继译,上海译文出版社,2014年版,第3页。
2 单向度的人,赫伯特·马尔库塞著,刘继译,上海译文出版社,2014年版,第29页。

首先，就像列宁主义传统一样，马尔库塞的思想也以机械的方式将工资斗争（这些斗争被描述为隐含的经济主义和一体化的斗争）和真正的政治革命斗争区别开来。

其次，马尔库塞的思想导致过度夸大学生身份与资本主义生产周期的割离。

在 20 世纪 60 年代意大利工人主义的杂志中，特别是在《红笔记本》（*Quaderni rossi*）、《工人阶级》和《工人力量》中，工资斗争被视为政治斗争。工人运动被认为是一种非意识形态运动，能够破坏资本的政治平衡。

根据《工人力量》中表达的立场，工人斗争聚焦于工资，并不意味着这场斗争是一体化的和次要的。相反，一切取决于如何谋划、组织和指挥工资斗争。如果工资被视为依赖资本主义发展的一个变量，一个无论在财政上还是在政治上都必须与利润兼容的变量，那么，工资当然不是能够颠覆或改变任何东西的杠杆。但是，如果将工资视为攻击和彻底再分配社会财富的政治工具，如果将工资视为工人和资本之间冲突的因素（在劳动力使用价值与交换价值层面上的冲突），那么，工资最终会变成斗争的主要工具，这场斗争在经济和政治层面，都与工人从资本主义发展和霸权中获得自主权的愿景紧密相连。

工人主义理论摒弃了消费主义的概念，因为它以一种"异教徒"的粗鲁方式将工人的消费视为一种挪用形式，旨在开辟激进政治冲突的前线。

至于学生和学生运动，工人主义理论预示了一个后来会结出硕果的观点：学生是社会劳动的一部分，他们是正在形成的劳动，是改变资本有机构成的核心因素。因此，学生运动不是作为一种意识形态斗争，更不是作为工人斗争的替代品而被讴歌的。相反，学生运动被视为生产劳动动力内部的一个特定社会领域的特定运动。

马尔库塞将学生视为社会生产层面上没有原因或直接后果的行为主体。与之不同，工人主义理论从一开始就将学生视为一般劳动力量的一部分：学生是正在形成的劳动力量，就像工人的劳动成果遭侵占一样，学生的知识也遭侵占。

人道主义理论，特别是马尔库塞的人道主义理论，认为可以用人类普遍性的原则或历史目的论的名义来判断工人行为的自发性。与之不同，特隆蒂认为，工人行为没有普遍原则可循，工人运动没有可以评判的普遍原则。毋宁说，工人的位置是一种疏离，将自己置于资本主义社会的逻辑和普遍利益之外。

在《工人阶级》杂志上发表的论述中，工资被视为一种政治武器，因为当下的阶级行为与资本主义秩序并不相容。

工人主义的视野建立在这样一种观念之上：在社会进程中，首要的是工人对资本的抵抗，以及对工作的拒绝。其他一切（政治机构、技术模式）都取决于阶级之间的力量关系。

结构主义与《资本论》

马克思的早期作品《1844年经济学哲学手稿》是马尔库塞和萨特人类学思考的核心，即使他们的发展方向导向了完全相反的结果。马尔库塞从本质人类学出发，将历史进程视为对一个被否定的整体性的恢复，而萨特从他异性和稀缺性的条件出发，将历史进程视为历史生成的人类学前提：他认为历史和存在进程都注定会走向失败，只有融合性的瞬间得以留存。

路易·阿尔都塞的《保卫马克思》标志着马克思主义研究中的一次新转变，他将注意力从那些早期作品转移开来，转而强调使马克思的理论（在成熟的马克思主义中，特别是在《资本论》中）摆脱黑格尔范畴的认识论断裂。

因此，是结构，而非历史，起着主要作用，因为认识过程不是建立在历史层面，而是在结构层面。

《保卫马克思》是对马克思主义人道主义的宣战，或至少是对其唯心主义内涵的宣战。事实上，这本书摒弃了任何将马克思理论视为对黑格尔体系进行简单"颠覆"的伪装。

如果我们想退出黑格尔的问题场域，就必须丢掉辩证法，必须放弃恢复原初真理的观念——无论是在精神自我实现的层面，还是在激进人道主义自我肯定的层面。

在《保卫马克思》之后，阿尔都塞又出版了《读〈资本论〉》，这本书提出了一种结构主义方法，旨在理解资本主义过程，强调劳动与知识之间存在的深刻联系。

首先，阿尔都塞重新提出要与青年马克思的人道主义保持一定距离：

> 写作《1844年经济学哲学手稿》的青年马克思，在其明晰的异化概念中直观且直接地揭示了人类本质。相反，《资本论》则切实指出资本主义生产过程中包含一种距离和内在错位（décalage），这种距离和错位是其结构

中固有的,以致它们自身的效果难以辨认……历史文本不是某个声音(逻各斯)在其中发声的文本,而是关于结构之结构的效果的无声且难以理解的符号。[16]

异化概念显示了恢复同一性的过程。逆着它的方向,我们可以清楚地看到理性的痕迹,因为它巧妙地在历史的变迁中开辟了一条路,作为颠覆异化状态的历史。

颠覆、克服、实现,这一整套黑格尔术语,不断暗示通过理性阅读历史的可能性。但是,关键不在于颠覆或克服(在黑格尔特定的意义上,即通过能够同时废除和维持的否定来实现)。关键在于将行动(以及理论实践)视为生产,在此,生产意味着:

> 使潜在的东西显现,但实际上意味着转化从某种意义上说已经存在的东西(为了给预先存在的原材料赋予适合目的的对象形式)。[17]

阿尔都塞认为,知识不是用眼睛记录出现在

我们面前之物的过程；它不是恩格尔的唯物主义认为的一个反射动作。知识是一个对象的构建：

> 我们必须完全重构我们现有的知识观念，我们必须放弃那些认为知识是即刻可见的、可读的东西的魔镜神话，我们必须把知识视为一种生产……不可见之物由可见之物定义为其无形、被禁止的视像，因此，"不可见"并不仅仅是"可见"之外的东西（回到空间隐喻），不是排斥的外部黑暗，而是排除的内在黑暗，在可见的东西本身之内，因为它被"可见"的结构定义。[18]

可见之物的结构是已确定的形式，认知生产不仅赋予其模式和适当的认识内容，而且为之赋予被那些模式和内容所限定和变得可见的世界。视觉场切割可见世界的隐喻，确实有助于我们把握知识作为生产的问题，这个问题正是阿尔都塞理论的核心。

宣称知识需要被理解为一种生产，这一论断

蕴含着丰富的内涵——阿尔都塞并没有穷尽其内涵)。首先,这是一种认识论层面的内涵,关乎心灵如何适应世界,从而使世界成为"心灵中的世界"。

因此,这是一个生产(在这个词的精确意义上)的问题。它似乎意味着,使潜在的东西显现,但实际上意味着转化从某种意义上说已经存在的东西(为了给预先存在的原材料赋予适合目的的对象形式)。这种生产,在给予生产操作必要周期形式的双重意义上,是知识生产。[19]

在此,阿尔都塞以马克思拒绝混淆现实对象和知识对象为起点(相反,这种混淆在黑格尔的理论中有意和明确地占主导地位)。

认知对象是一种特定的、已确定的生产活动的结果。马克思 1857 年为《政治经济学批判大纲》(也称为《大纲》)撰写的《导言》,是任何有兴趣理解知识作为生产的概念如何运作的人最

重要的参考资料：

从实在和具体开始，从现实的前提开始，因而，例如在经济学上从作为全部社会生产行为的基础和主体的人口开始，似乎是正确的。但是，更仔细地考察起来，这是错误的，例如，如果我抛开构成人口的阶级，人口就是一个抽象。……黑格尔陷入幻觉，把实在理解为自我综合、自我深化和自我运动的思维的结果，其实，从抽象上升到具体的方法，只是思维用来掌握具体、把它当作一个精神上的具体再现出来的方式。但决不是具体本身的产生过程。……因此，在意识看来（而哲学意识就是被这样规定的：在它看来，正在理解着的思维是现实的人，而被理解了的世界本身才是现实的世界），范畴的运动表现为现实的生产行为（只可惜它从外界取得一种推动），而世界是这种生产行为的结果；这——不过又是一个同义反复——只有在下面这个限度内才是正确的：具体总体作为思想总体、作为思想具体,事实上是思维的、理解的产物;但是,决不是处于直观和表象之外或驾于其上而思维着的、自我产生着的概念的产物,而是把直观和表象加工成概念这一过程的产物。整体,当它在头脑中作为思想整体而出现时,是思维着的头脑的产物,这个头脑用它所专有的方式掌握世界,而这种方式是不同于对于世界的艺术精神的、宗教精神的、实践精神的掌握的。实在主体仍然是在头脑之外保持着它的独立性;只要这个头脑还仅仅是思辨地、理论地活动着。因此,就是在理论方法上,主体,即社会,也必须始终作为前提浮现在表象面前。[20] 1

在这个用惊人的语言浓缩的段落里,我们发现了双重视角的颠覆。

首先,马克思断言具体是抽象活动的产物。

---

1 马克思恩格斯文集(第八卷),马克思、恩格斯著,中共中央马克思恩格斯列宁斯大林著作编译局编译,人民出版社,2009年版,第25—26页。

也就是说,他断言我们认为的具体,不过是思考具体的思维活动,因此是一种脑力活动。乍一看,这似乎是一种唯心主义的推理方式。但事实并非如此,因为马克思谈论具体和精神时,他不是在谈论现实与理性之间的关系。马克思定义的具体,是作为心理活动投射的现实的总体。马克思说的思考心灵,不是康德式的纯粹我(pure I),甚至不是黑格尔式的成为精神的主体。马克思谈论的思考心灵是那种创造现实的工作,也就是作为投射的工作。

同时,马克思补充说,"具体主体"(历史数据,以主体形式确定的物质)在心灵之外仍然牢牢地保持自主存在。

马克思在此并没有质疑物质的本体论优先权;相反,他想说的是,物质在其(生物学的、历史的、相关的)生成过程中,产生了一种投射活动,一种思维活动,分泌出我们可以称之为具体总体的东西,即一种世界形式,这种形式并不先于思维生产力存在。世界是社会和历史决定中,所有由脑力活动激活的无限投射层面之间的精神动力学的交叉点。

阿尔都塞提出了一种理论,把对历史主义和唯心主义关于现实可由精神再现的观点的批判作为起点。阿尔都塞由此让我们看到马克思著作中已经隐含的东西:世界首先是一个被生产的世界,既是人类过去劳动的产物,也是过去和现在精神活动的产物。

但是,还有另一层含义,阿尔都塞只是提及,没有完全展开,但我们仍然可以在马克思的作品,甚至在1857年那篇《导言》中找到它明显的踪迹。

这第二层含义涉及脑力劳动的生产性,即从抽象劳动的概念过渡到一般智力的概念。

马克思的"抽象劳动"指什么?马克思指的是劳动只作为交换价值的生产者,因此只是物化为价值的时间的分配。部署于时间中的活动生产具有具体使用价值的物品,从资本的角度来看,这一点也不有趣。资本不关心投资于劳动的时间,是用来生产漂亮的鞋子,还是用来生产煮土豆的锅罐。资本感兴趣的是利用这些物品产生资本积累。资本对生产抽象价值感兴趣。为此,资本不需要动员特定的、具体的能力来创造有用的物品，而是需要一种没有质量的时间的抽象分配。

> 对任何种类劳动的同样看待，以各种现实劳动组成的一个十分发达的总体为前提，在这些劳动中，任何一种劳动都不再是支配一切的劳动。所以，最一般的抽象总是产生在最丰富的具体发展的场合，在那里，一种东西为许多东西所共有，为一切所共有。这样一来，它就不再只是在特殊形式上才能加以思考了。另一方面，劳动一般这个抽象，不仅仅是各种劳动组成的一个具体总体的精神结果。对任何种类劳动的同样看待，适合于这样一种社会形式，在这种社会形式中，个人很容易从一种劳动转到另一种劳动，一定种类的劳动对他们说来是偶然的，因而是无差别的。[21] 1

---

1 马克思恩格斯文集（第八卷），马克思、恩格斯著，中共中央马克思恩格斯列宁斯大林著作编译局编译，人民出版社，2009年版，第28页。

在完全漠视其产品的具体用途的情况下，工人依然为生产价值付出了时间。这时，我们谈论的是抽象劳动。

抽象劳动，即把人类活动变成抽象时间的空洞表演，正在逐步扩展到所有可能的社会活动。这个过程的终点是脑力活动的生产劳动（这本身是价值生产的领域）的归并，结果是其最终的化约和抽象化。

马克思《政治经济学批判大纲》中蕴含的第二层含义（不仅在《导言》中，而且在《机器论片段》一文中）成为20世纪60—70年代工人主义和构成主义理论的基本要素。在此找到的根基，预示了当前资本主义生产方式中最先进的趋势：脑力劳动归入生产过程，它逐渐化约为抽象劳动，没有任何有用的质量和意义，脑力时间只服务于交换价值的生产。

《政治经济学批判大纲》中的一般智力与具体总体

20 世纪 60 年代，批判人道主义（以马尔库塞和萨特为中心）在马克思的早期著作（*Early Writings*）中找到了巨大的能量。人类的原初本真性既是革命性斗争的起点，也是目的论意义。

阿尔都塞的结构主义首先是对阅读《资本论》的邀请，因为生产过程的结构被认为是对现有世界和导致其毁灭的革命过程进行批判性理解的场所。

受构成主义启发的意大利新马克思主义工人主义将注意力转向了《政治经济学批判大纲》。这部马克思作品 1968 年首次在意大利出版。社会构成和革命主体性的形成，既不能通过唯心主义的人类本质的假设来解释，也不能通过分析生产关系结构中的隐含矛盾来解释。无论是对需要救赎的人类的假设，还是对资本的分析，都不足以解释在 20 世纪历史舞台上、在工人阶级斗争和资本重组的场景中发生的事情。

我们需要采用劳动在其最先进表现中的视角，有必要从拒绝工作的立场出发，以理解生产转型和政治反抗的动力。这样做时，我们最终可以看到，社会构成在不断变化，改变着生产、技术、经济和政治背景。这种不断转型的动力，是将生活时间从工资关系中减去的动力。

构成主义理论定位在反劳工主义的视角：聚集在《工人阶级》杂志周围的意大利新马克思主义者打算由从劳动中减去生活时间、拒绝工作和消亡工作的计划入手，研究自主集体活动的构成。

从《资本论》的第一页开始，马克思就声明，有必要区分一般活动（人类与自然和他人社会的互动）和一种特定形式的雇佣劳动（即出租抽象时间以换取工资）。

拒绝工作并不意味着活动的抹除，而是意味着那些已经摆脱劳动统治的人类活动的价值化。

在《资本论》中，马克思这样定义"抽象劳动"：

> 如果把商品体的使用价值撇开，商品体

> 就只剩下一个属性，即劳动产品这个属性。可是劳动产品在我们手里也已经起了变化。如果我们把劳动产品的使用价值抽去，那么也就是把那些使劳动产品成为使用价值的物体的组成部分和形式抽去。……随着劳动产品的有用性质的消失，体现在劳动产品中的各种劳动的有用性质也消失了，因而这些劳动的各种具体形式也消失了。各种劳动不再有什么差别，全都化为相同的人类劳动，抽象人类劳动。[22] 1

作为资本主义发展的效应，工业劳动失去了与活动具体特征的任何关系，变成了纯粹出租的时间，在产品中被物化。这些产品具体的、有用的性质，除了确保附加价值的交换和积累外，没有任何其他意义。

> 完全不同的劳动之所以能够相等，只是

---

1 马克思恩格斯文集（第五卷），马克思、恩格斯著，中共中央马克思恩格斯列宁斯大林著作编译局编译，人民出版社，2009年版，第50—51页。

因为它们的实际差别已被抽去,它们已被化成它们作为人类劳动力的耗费、作为抽象的人类劳动所具有的共同性质。[23] 1

工业工人(更笼统地讲,作为一种趋势,整个社会劳动周期)是一种纯粹抽象和重复的知识的承载者。抽象,这种穿越现代时期的向心力和统一力量,在数字时代达到了完美。物质形态转化的劳动已经变得如此抽象,以至于现在无用:机器可以完全取代它。与此同时,脑力劳动的归入已经开始,随之而来的是脑力劳动化约为抽象活动。

> 劳动现在仅仅表现为有意识的机件,它以单个的有生命的工人的形式分布在机械体系的许多点上,被包括在机器体系本身的总过程中,劳动自身仅仅是这个体系里的一个环节,这个体系的统一不是存在于活的工人

---

1 马克思恩格斯文集(第五卷),马克思、恩格斯著,中共中央马克思恩格斯列宁斯大林著作编译局编译,人民出版社,2009年版,第91页。

中，而是存在于活的（能动的）机器体系中，这种机器体系同工人的单个的无足轻重的动作相比，在工人面前表现为一个强大的机体。在机器体系中，对象化劳动在劳动过程本身中与活劳动相对立而成为支配活劳动的力量，占有活劳动的资本就其形式来说就是这样的力量。[24] 1

工人显得不知所措，被降格为一个被动的附肢，生产空荡荡的时间，成为一具无生命的残骸。但紧接着，这个形象发生了变化：

> 提高劳动生产力和最大限度否定必要劳动，正如我们已经看到的，是资本的必然趋势。劳动资料转变为机器体系，就是这一趋势的实现。在机器体系中，对象化劳动在物质上与活劳动相对立而成为支配活劳动的力量，并主动地使活劳动从属于自己，这不仅

---

1 马克思恩格斯文集（第八卷），马克思、恩格斯著，中共中央马克思恩格斯列宁斯大林著作编译局编译，人民出版社，2009年版，第185—186页。

是通过对活劳动的占有，而且是在现实的生产过程本身中实现的。在作为机器体系存在的固定资本中，资本作为把创造价值的活动占为己有的价值这样一种关系，同时表现为资本的使用价值与劳动能力的使用价值的关系。

其次，对象化在机器体系中的价值表现为这样一个前提，同它相比，单个劳动能力创造价值的力量作为无限小的量而趋于消失。[25] 1

马克思反复强调，由于科学的积累和社会智力的一般力量，劳动变得多余。资本在其最纯粹的形式中，倾向于尽可能地以其直接的物质形式消除人类劳动，以科学的技术使用来取代它。这种趋势的发展实际上使全球生产系统脱离了现代资本主义系统的范式轨道。如果我们想要理解，

1　马克思恩格斯文集（第八卷），马克思、恩格斯著，中共中央马克思恩格斯列宁斯大林著作编译局编译，人民出版社，2009年版，第186页。

更重要的是想要建立人类活动、技术、界面和社交互动的新格局,就需要找到一种新的范式系统。但范式的转变与技术和生产潜力(源于一般智力)的发展节奏并不相同。它陷入了文化、社会习惯、既定身份、权力关系及主导经济秩序的缓慢变革之中。资本主义作为一种文化、认知、经济和社会体系,依据简化的范式框架对后工业系统的机器潜能进行了符号化。现代时期的遗产,连同其工业轰鸣,以及其思维习惯和侵略性、竞争性想象的轰鸣,如同不可逾越的障碍,沉重地压在新视角的发展之上,阻碍了劳动薪酬的重新分配及其范围的扩大。

> 资本在这里——完全是无意地——使人的劳动,使力量的支出缩减到最低限度。这将有利于解放了的劳动,也是使劳动获得解放的条件。[26] 1

---

1 马克思恩格斯文集(第八卷),马克思、恩格斯著,中共中央马克思恩格斯列宁斯大林著作编译局编译,人民出版社,2009年版,第192页。

与一个复杂的自动化系统相比，直接劳动的时间在数量上变得无关紧要。在《工人力量》杂志看来，必要劳动时间的减少，进而导致工人的逐步淘汰，是一个令人愉快的前景：在构成主义的话语中，这转化为相信智力对抗其资本主义用途的自我肯定的能力。

一旦直接形式的劳动不再是财富的巨大源泉，劳动时间就不再是，而且必然不再是财富的尺度，因而交换价值也不再是使用价值的尺度。群众的剩余劳动不再是一般财富发展的条件，同样，少数人的非劳动不再是人类头脑的一般能力发展的条件。于是，以交换价值为基础的生产便会崩溃，直接的物质生产过程本身也就摆脱了贫困和对立的形式。个性得到自由发展，因此，并不是为了获得剩余劳动而缩减必要劳动时间，而是直接把社会必要劳动缩减到最低限度，那时，与此相适应，由于给所有的人腾出了时间和创造了手段，个人会在艺术、科学等方面得

到发展。[27] 1

技术力量与一般社会知识之间的联盟遇到了资本主义模式的抵抗力量，这种力量支配了被无产阶级化的人类的社会、文化和心理期望。

经济像一个普遍的符号笼子，阻碍了技术在物质和智力结构中仍然存在的潜力的发展。让我们回到马克思：

> 资本本身是处于过程中的矛盾，因为它竭力把劳动时间缩减到最低限度，另一方面又使劳动时间成为财富的唯一尺度和源泉。因此，资本缩减必要劳动时间形式的劳动时间，以便增加剩余劳动时间形式的劳动时间；因此，越来越使剩余劳动时间成为必要劳动时间的条件——生死攸关的问题。一方面，资本唤起科学和自然界的一切力量，同样也唤起社会结合和社会交往的一切力量，以便使财富的创造不取决于（相对地）耗费在这

---

1 马克思恩格斯文集（第八卷），马克思、恩格斯著，中共中央马克思恩格斯列宁斯大林著作编译局编译，人民出版社，2009年版，第196—197页。

种创造上的劳动时间。另一方面，资本想用劳动时间去衡量这样造出来的巨大的社会力量，并把这些力量限制在为了把已经创造的价值作为价值来保存所需要的限度之内。[28] 1

在《政治经济学批判大纲》开始在意大利为人所知的那些年，这些内容受到构成主义理论家的阅读和重视，它们以令人难以置信的清晰定义了20世纪社会、政治和经济历史的发展方向。

抽象劳动的概念是理解生产过程数字化的最佳引子，微电子技术的普及使生产过程数字化成为可能，并最终得到推广。

马克思谈到资本是一种运动的矛盾时，他预示了20世纪令人惊讶的历史，当时资本本身因为保存其社会和经济模式的本能，在技术领域内摧毁了它创造的潜力。马克思预言创造性、艺术性和科学能力的发展时，预见了后福特时代劳动的智能化。

---

1 马克思恩格斯文集（第八卷），马克思、恩格斯著，中共中央马克思恩格斯列宁斯大林著作编译局编译，人民出版社，2009年版，第197页。

在将智能应用于生产的一定发展阶段,资本主义模式成为一种范式牢笼,以工资、规训和依赖的形式限制智能。

马克思没有使用"范式"的概念,而是用黑格尔哲学中派生的模糊的概念作为替代。辩证法中的观念——需要通过否定实现辩证扬弃,通过翻转(颠覆)解放隐藏内核——同样也源自黑格尔体系。

在经历了 20 世纪后,我们非常清楚地理解,现代历史并不沿着一条辩证的道路走向积极的出口,未来也没有辩证的超越之路。资本似乎更像是一种病理机制,一种"双重束缚"。格雷戈里·贝特森[29]使用"双重束缚"的概念来理解一种悖论的交流形式。在这种交流形式中,关系情境的表意系统与具体话语的语义系统形成根本对立。所谓双重束缚,本质上是相互矛盾的指令体系:譬如那些命令、请求或要求,其发出者一面用语言要求接收者执行某项行为,一面又通过肢体动作、情感流露或语调变化传递着截然相反的指令。这种悖论的产生,或是源于特定关系情境中两种符号编码体系的并置,或是源于同一发展进程中两种异质解释框架的叠加。从历史维度审视,我们可以断言:资本依据经济增值的编码对技术过程进行符号化,但这种编码与其物质基础和社会内涵存在着根本错位。资本主义生产的社会内容与其自身的符号框架相矛盾。因此,它产生了一个充满误解、矛盾命令和反常并置的系统。

我们且以所谓的失业问题为例。实际上,技术发展本质上趋向于使体力劳动变得多余,其工资评价机制也趋于失效。然而,当这个技术过程被嵌入资本主义关系语境(该体系建立在雇佣劳动规范与劳动力中心主义之上)时,双重束缚机制便开始运转。

双重束缚的概念与辩证法毫无关联。这种悖论式困境唯有通过重构关系语境才能消解,且重构必须从话语发生的原初层面展开。

面对资本主义的双重束缚,任何总体性颠覆都是不可能的,因为资本主义社会历史中本就不存在所谓积极或消极的总体性。

汉斯-于尔根·克拉尔的理论：
科学、工作和技术

汉斯-于尔根·克拉尔（Hans-Jürgen Krahl）于 1970 年一天夜里在一场车祸中去世。尽管他还不到三十岁，但他已是德国反威权主义运动最有影响力的思想家之一。该运动爆发于 1967 年的街头，导火索是一名 26 岁的年轻学生贝诺·奥内索（Behno Onesorg）在一次抗议伊朗巴列维国王的集会上遭警察杀害。之后，其他学生迅速加入这场运动，为德国社会的民主化而战，抗议越南战争，以令人惊叹的反抗行动谴责施普林格集团旗下报纸进行的媒体过度报道。

从一开始，这场德国运动——当时主要由德国社会主义学生联盟组织——就被两个不同的概念吸引："组织性"和"自发性"。在接下来的几年中，前者将被归入受马列主义启发的团体"红色细胞"（Rote Zellen），后者将被归入青年运动、青年中心和自治集体的多样化经验。

在去世前的两年里，克拉尔阐述了后列宁主义革命理论的一般线路。在其著作《宪法与阶级斗争》[30]中，他质疑将智力劳动的新社会构成化约为传统工人运动的政治和组织范畴的可能性。他的思考从法兰克福学派理论出发，特别是阿多诺的理论，在工业异化劳动和反威权斗争的实践方面发展了这些理论。克拉尔重新思考了社会构成与先锋政治组织之间的关系问题。

> 传统的阶级意识理论，往往将阶级意识与经济要素分开。它们忽视了生产主体性在创造财富和文明中起的超经济的决定作用。[31]

生产劳动在结构上与智力劳动分开的时候，经济层面和意识层面之间的分析分离有其合理基础，但一旦智力工作以一种构成性的方式加入一般生产过程，它就往往失去了意义。

生产不应被视为仅受供求法则支配的经济过程；超经济因素在该过程中发挥作用，尤其是劳动周期被知识化时，它们更为相关。社会文化，不同的想象、期望和幻灭，仇恨和孤独，都会改变生产过程的节奏和流动性。情感、意识形态和语言的领域都制约着社会生产力。当这些情感、语言和投射的能量参与价值生产过程时，这一点变得更加清晰。

克拉尔成功地预见了过去几十年生产转型的创新品质，那段时间正标志着工业模式的退出。他运用马克思主义文化批判理论中的抽象范畴，概念性地预见到这一点。

> 工作时间仍然是价值的衡量标准，即使它不再包含生产的定性扩展。科学技术使我们的劳动能力最大化成为可能，将其转化为社会组合，在资本主义机械发展的进程中，这种社会组合逐渐成为主要生产力。[32]

克拉尔 1969 年在《社会主义通讯》（*Sozialistische Korrespondenz*）杂志上发表了《论科学知识分子与无产阶级阶级意识之间的一般关系》

("Theses on the General Relation Between the Scientific Intelligentsia and Proletarian Class Consciousness")。在该文中,克拉尔聚焦于运动政治问题的核心。他指出,技术是核心问题,被理解为科学与劳动过程关系的确定形式。

技术将科学引入构成固定资本的机制系统,从19世纪末以来就系统实施。这种做法和自动化趋势改变了马克思所称的劳动在资本下的实际归并。实际归并与纯粹的形式归并不同,因为它甚至在定性上改变了直接劳动过程的技术结构。这是通过系统地应用社会生产力和劳动与科学之间的分离来实现的。于是劳动过程被理解为人与自然的有机交流,本身就是社会化的。资本对劳动的实际归并最显著的特征之一,正如马克思说,是"科学有意识地应用,科学作为社会发展的一般产品,用于生产的直接过程"。社会组合使生产变得越来越科学,从而将其构建为一个整体,作为一个"总"的工作者,但同时将单个个体的工作能力降低到一个简单的时刻。[33]

这些分析考虑必然引导这位年轻理论家提出那个核心问题，能够根本质疑20世纪工人运动的组织方式和政治方案：尽管20世纪60年代的反威权主义团体使这些组织方式和方案变得不确定，但未能摆脱它们。

> 对作为一种非经验类别的阶级意识的理论建构缺乏反思……其后果是，在社会主义运动中，将阶级意识的概念化约为其列宁主义含义，这对大都市来说没有充足的解释力。[34]

列宁主义作为一种组织模式和一种理解社会意识与一般劳动过程之间关系的方式，无法解释大都市的状况。

列宁主义是基于劳动过程与更高层次的认知活动（即意识）之间的分离。这种分离基于原始工业工作，因为工人了解自己的能力，但没有意识到结构社会的认知系统。当大众工人被迫进入越来越分割和异化的工作活动时,这种分离的基础变得越来越脆弱,他们立即在直接颠覆性和反资本主义的维度中发展自己的社会性。

最终,当我们讨论社会劳动的脑力形式时,这种分离就再也没有根据了。因为当每个知识化的操作员是特定形式知识的工具时,他(以一种碎片化、混乱和痛苦的方式)感知到支撑整个生产周期的知识的社会系统。

数字泛逻辑主义

同样在那些年,马尔库塞也在探讨思维形式与社会生产形式之间的关系问题。

技术的生产终极化的结果,是从其自身的认识论结构的立场上征服了思维过程。

> 操作主义的特征——使概念的意义等同于一套相应的操作——反复出现在如下语言学趋势中:把事物的名称视为同时是对它们的功能方式的表示,把属性和过程的名称视为用于检测或产生它们的那些装置的象征。这就是势必会"使事物与其功能同一化"的技术推理。[35] 1

从《理性和革命》和《黑格尔本体论与历史

---

1 单向度的人,赫伯特·马尔库塞著,刘继译,上海译文出版社,2014年版,第74页。

性理论》(*Hegel's Ontology and the Theory of Historicity*)等作品（这些作品提出了一个专注于否定性、过程性和分离性的黑格尔思想的苦恼版本）中描绘的唯心主义框架开始，马尔库塞在《单向度的人》中写道：

> 极权主义的技术合理性领域是理性观念演变的最新结果。[36] 1

在 1967 年出版于意大利的《爱欲与文明》一书中，马尔库塞提出了技术代表解放潜力的学说，而在《单向度的人》中，他谴责了功能主义对这些潜力的压制。马尔库塞反对将自我实现的理性辩证法进行功能性简化。但其立场始终未脱理想主义窠臼——其理论框架中完全缺失对社会重组过程的现实观照。尽管如此，他仍精准把握了晚期资本主义进程的核心特质：技术正趋向于实现逻辑斯与生产体系的全面整合。在马尔库塞所描

---

1 单向度的人，赫伯特·马尔库塞著，刘继译，上海译文出版社，2014 年版，第 105 页。

绘的趋势地平线上，我们已然瞥见世界数字化的轮廓：这种数字化恰是黑格尔泛逻辑主义的非辩证化实现，呈现出去权化（disempowered）与和平化（pacified）的矛盾形态：

> 技术进步的持续动态已为政治内容所渗透，技术的逻各斯被转变成依然存在的奴役状态的逻各斯。技术的解放力量——事物的工具化——转而成为解放的桎梏；人的工具化。[37] 1

在生产过程中使用算法，并通过逻辑设备传输，脱离了操作性的理性。但通过这种方式，世界在数字和逻辑的还原中被吞噬（颠覆黑格尔），因此永远困在体现为技术理性的资本主义形式中。

> 技术已经变成物化——处于最成熟和最有效形式中的物化——的重要工具。[38] 2

---

1 单向度的人，赫伯特·马尔库塞著，刘继译，上海译文出版社，2014年版，第135页。
2 单向度的人，赫伯特·马尔库塞著，刘继译，上海译文出版社，2014年版，第143页。

我们可以说，黑格尔理论的核心问题是将现实还原为逻各斯，也就是建立同一性，废除差异，构建身份认同。在现代历史上，我们见证了一系列试图通过暴力或同质化来恢复同一性的尝试，无论是通过民主还是极权政体。浪漫主义试图追溯通往一个可以重新发现同一性前提的起源的道路。20世纪的极权主义源于这种执念。法西斯国家的种族极权主义假装在共同根源的神话基础上实现同一性。

但差异的现实无法征服。即使缩减和压制，它们总是以狂暴和怨恨的形式重新出现。相反，在社会生活中，人们被非本质的和自私的要求支配，被民族主义、地方主义和种族主义支配。

然而，身份认同在另一个层面上实现，即信息层面。这个层面包含了人类居住的每一个空间，用数字时间的感知取代了历史的感知。同一性的生产被确定为一个程序，通过定义它来排除非本质的东西，生成一系列状态。

从这个角度来看，计算机化的社会，可以理解为实现的泛逻辑主义。

绝对知识在智能机器的世界中被物质化。总体性不是历史，而是由智能机器的世界预先编程和预定互连的虚拟组装。黑格尔逻辑因此被计算机实现了，因为今天如果不被媒体机器的世界记录在案，就没有什么是真的。由计算机生成的总体性已经取代了黑格尔的总体性。

我们甚至可以说，全球网络创造了一种没有总体化的总体性。

矩阵正在取代事件。这是现代理性化的终点。

要在网络化的世界中被识别，就必须与矩阵的生成逻辑兼容。不属于编码领域的东西在社会上是不可识别或不相关的，尽管它仍然存在于无关或残余领域。然后它以愤怒和绝望反应，以暴力方式重新肯定其存在。

当历史成为绝对计算机化知识的发展时，差异没有被征服，也没有得到解决：它变得残余、无效、无法识别。

工作中的灵魂

II

数字劳动与抽象

今天，工作意味着什么？作为一种普遍趋势，工作是按照相同的物理模式进行的：我们都坐在屏幕前，手指在键盘上移动。我们打字。

一方面，从身体和人体工程学的角度来看，劳动已经变得更加统一；但另一方面，它在内容方面变得更加多样化和专业化。建筑师、旅行社代理人、软件开发人员和律师有着相同的身体动作，但他们永远无法交换工作，因为每个人都发展了一种特定的、局部的能力，这种能力无法传递给那些没有同样的课程准备和不熟悉同样复杂认知内容的人。

当劳动具有很大可互换和非个性化的特征时，它就被视为一种外来的东西。它是由等级制度机械地强加的，代表着一个被分配的任务，只是为了换取工资而执行。依赖工作和工资收入的定义，正适用于这种以出售个人时间为内容的社会活动。

数字技术为劳动开辟了全新的视角。首先，它们改变了构思与执行之间的关系，因此也改变了劳动的知识内容与其手工执行之间的关系。手工劳动通常由自动编程的机械执行，而创新劳动，即真正创造价值的劳动，是脑力劳动。要转换的材料由数字序列仿真。生产性劳动（创造价值的劳动）包括执行仿真，这些仿真后来由计算机化的机器转移到实际物质上。

劳动的内容变成脑力活动，同时生产劳动的界限变得不确定，生产力的概念本身就变得不明确：时间和产生的价值量之间的关系很难确定，因为对认知工作者来说，从产生价值的角度来看，每个小时都不一样。

抽象和抽象劳动的概念需要重新定义。在马克思的语言中，"抽象劳动"意味着什么？它意味着不考虑其质量的创造价值时间的分配，与生产对象可能具有的特定的、具体的效用无关。在工业劳动中，劳动的抽象性尤为显著，因为与劳动在经济上的增值作用相比，它的具体特性和实际效用显得微不足道。我们能说这种抽象化约在信息生产时代仍然有效吗？在某种意义上，我们也可以说这种趋势被推向了极致，因为劳动已经失去了任何残余的物质性和具体性，生产活动只在剩下的东西上发挥作用：象征性的抽象、字节和数字，生产活动所处理的不同信息。我们可以说，劳动过程的数字化使任何劳动从人体工程学和物理角度来看都是相同的，因为我们都在做同样的事情：我们坐在屏幕前，在键盘上打字。我们的活动后来由机器串联转换成建筑项目、电视脚本、外科手术、移动40个金属盒子或餐厅的供应。

正如我们已经说过的，从物理角度来看，旅行社代理人、石油公司的技术员或侦探小说作家的劳动表现没有区别。

但我们也可以说相反的话。一方面，劳动已经成为一个脑力活动过程的一部分，一个蕴含丰富知识的符号阐释过程。其专业程度与细化程度均达到前所未有的高度。律师、建筑师、计算机技术人员和商场小贩都坐在同样的屏幕前，在同样的键盘上打字。尽管如此，他们永远无法交换位置。他们精心从事的活动的内容完全不同，且无法通过简单的技术培训实现迁移。

另一方面,从物理角度来看,化工工人、冶金工人和机械工人做的工作尽管完全不同,但冶金工人或机械工人只需要几天时间就能获得在化工行业工作的操作知识,反之亦然。工业劳动越简化,它就越可互换。

然而,在数字劳动场域,人类操作终端在电脑前执行相同的物理手势,他们都连接到普遍的加工和通信机器。然而,他们的工作越简化,他们的知识、能力、表现就越不可互换。数字劳动者操纵着绝对抽象的符号,但其重组功能越个性化,其专业壁垒就越发坚固,岗位互换性也随之降低。由此,高科技行业从业者逐渐将劳动内化为生命存在的核心维度,这种劳动体验既高度特异化,又深度个性化。

这与工业工人的情况完全相反。对工业工人来说,八小时的有偿劳动是一种临时死亡,只有在闹铃响起,宣布工作日结束时,他们才能醒来,重新找回作为完整生命体的自我感知。

企业和欲望

在人文主义文艺复兴时期,"企业"这个词指的是旨在赋予世界一种人类形态的活动。人文主义艺术家的"企业"是人类独立于命运甚至神意的标志。对于马基雅维利而言,企业就像政治一样,它使自己摆脱了机运,并实现了共和,这是一个不同的人类意志检验与比较他们的狡猾和创造能力的空间。

在其资本主义意义上,"企业"这个词获得了新的细微差别,尽管它从未失去其自由和建设性行动的意义。这些新的细微差别都与劳动和企业之间的对立有关。企业意味着发明和自由意志。劳动是重复和执行行动。企业是资本产生新的资本的投资,通过劳动这一方式带来价值增值。劳动是有偿服务,它使资本增值,但使工人贬值。今天工人和企业之间的对立还剩下什么?在社会的想象中,关于企业概念的看法发生了怎样的改变?

企业与劳动，在社会观念和认知工人（即那些从事最高水平的生产劳动和价值化工作的人，他们代表了劳动社会过程的普遍趋势）的意识中，对立程度较低。那些从事高认知水平工作的人，也就是很少能交换工作岗位的人，并不把自己的劳动与企业一词所暗示的创造对立起来；相反，他们倾向于将自己的劳动（即使在形式上是依附性的）视为一项事业，他们可以在其中投入大部分精力，独立于它表达的经济和法律境况。

为了理解对企业概念的认知的这种变化，我们需要考虑一个决定性因素：当工业工人根据重复的非个性化模式，以有偿服务的形式投资机械能时，高科技工人则在劳动过程中投入他们特定的能力，他们的创造性、创新性和交流能量，也就是说，他们最好的智力能力。因此，企业（独立于财产和劳动之间的法律关系）往往成为集中欲望的中心，不仅成为经济上的投资对象，也变成心理上的投资对象。只有考虑到这一点，我们才能理解为什么在过去 20 年中，漠然和旷工已成为边缘现象，而在工业社会晚期，它们曾是社会关系的核心要素。

在20世纪80年代（甚至，正如我们知道，在20世纪90年代）平均劳动时间显著增加。1996年的工人比1973年的工人，平均多投入了148小时。根据美国劳工统计局的数据，每周工作时间超过49小时的工人比例从1976年的13%增长到1998年的19%。至于管理人员，则从40%增长到45%。随着有利于自动化的计算机技术的发展，社会劳动时间将减少，这种预测既正确又错误，但归根结底，我们必须认为它是错误的。诚然，随着工业生产领域的必要劳动时间减少，越来越多的工业工作被机器取代，或转移到世界上劳动力成本为零且不受工会保护的地区。但这也确实是真的，技术释放的时间实际上转变成了网络时间，被吸收到赛博空间，被转化成无限生产过程中的心理处理时间。

如何解释工人从漠然到接受的转变？当然，一个原因是工人阶级在20世纪70年代末因技术重组、随之而来的失业和对政治先锋施加的暴力镇压而遭受的政治失败。但这还不够。

为了理解对劳动态度的社会心理变化，需要考虑与社会核心从体力劳动领域转向认知劳动领域相关的决定性文化转变。

认知劳动领域发生了什么？为什么这种新型工人将劳动视为自己生活中最有趣的部分，因此不再反对延长工作日，反而出于个人选择和意愿去延长它？

为了回答这个问题，我们需要考虑几个因素，其中一些因素在这个背景下很难分析。例如在过去的几十年里，人们逐渐失去了对城市和社群的兴趣，因为它们退化为容器，在它们培养的关系中没有人性和快乐。性和欢乐已经转变为标准化、同质化和商品化的机器装置：一种对身份的焦虑需求逐渐取代了身体的奇异乐趣。迈克·戴维斯的《水晶之城》（*City of Quartz*）和《恐惧的生态》（*Ecology of Fear*）这样的书表明，由于社群纽带的减少和对安全的过度痴迷，在情感和心理上，生活质量已经恶化。

在人际关系、日常生活、情感联结与交流互动中，人们愈难觅得愉悦与慰藉。这种日常生活中的爱欲的消逝的后果是：人们将欲望投入工作；对习惯于以竞争法则认知他人（即视他人为威胁、剥夺与限制，而非经验共享、愉悦源泉或充盈精神）的现代人而言，工作竟成为唯一能提供自恋式认同的场域。

过去数十年间，这种转变在日常生活领域催生出普遍性的社会团结的断裂。竞争律令在工作、媒体与文化领域占据主导地位；它系统性地将他人视为竞争对手，并最终将其贬斥为敌人，将所有的社会关系转化为零和博弈。

什么是财富？

但我们还没有回答我们的问题：在经历了长期的社会自治（那时以拒绝工作为标志，社会团结压倒竞争，生活质量先于权力和金钱积累）后，劳动如何在想象中（无论是在社会认可的价值尺度上，还是在集体心理学中）重新获得中心地位？为什么今天这么多工人认为工作是他们生活中最有趣的部分，不再反对延长工作时间，而是自发选择加班？当然，这也可归咎于社会保障的急剧恶化——过去30年放松管制和取消公共援助机构的后果。但这只是部分原因。

从人类学的角度来看，一个决定性的因素是肯定一种完全以财富价值为中心的生活模式，将财富概念简化为经济和购买力。但实际上，将财富与财产等同起来，并不是不言自明的。

对于"什么是财富"这个问题，我们可以用两种完全对立的方式回答。我们可以根据拥有的商品和价值的数量来评估财富，也可以根据我们的经验能够在我们的感觉器官中产生的喜悦和快乐的质量来评估财富。前一种情况，财富是客观化的数量；后一种情况，财富是经验的主观质量。

金钱、银行账户和经济增长并不是驱动对于劳动的新的喜爱的唯一因素（这种喜爱在过去二十年里主宰着心理和经济领域），但它们肯定是主导因素。经济学意识形态强迫性地让人们专注于这样一种信念，即热爱自己的工作意味着金钱，金钱意味着幸福。但这只是部分正确。

我们且再问一次：财富意味着什么？这个问题唯一的答案自然是经济学的答案：财富意味着拥有让我们能够消费的手段，即金钱、信贷和权力的可用性。然而，这仍然是一个糟糕的答案，一个片面的，甚至可能完全错误的答案，给所有人带来了痛苦——即使是那些能够积累大量这些东西的人。这个答案将财富视为一种旨在通过获取和消费来获得权力的时间投影。但人们也可以将财富视为一种享受世界的简单能力，如可以获得时间、专注和自由。

自然，这两种财富的定义是相互冲突的，而且不仅仅是定义上的冲突，它们实际上是与世界、时间和身体的两种不同关系。我们花费越多的时间获取消费手段，我们享受本属于我们的世界的时间就越少。我们投入越多的神经能量去获取购买力，我们就越少投入于享受自己的生活。正是围绕这个经济话语完全忽视的问题，超资本主义社会中的幸福和不幸问题才在今天上演。为了拥有更多的经济实力（更多的钱、更多的信贷），人们必须投入更多的时间到社会同质化的劳动。这意味着必须减少快乐和体验的时间，即生活的时间。作为享受的财富与作为经济积累的财富，两者的多少成反比，原因很简单，在后者中，心理时间注定要用来积累而不是享受的。

作为经济积累的财富的增长与快乐的减少成正比，这导致社会神经系统产生痉挛和压力，可没有了痉挛和压力，也不可能有任何积累。

但是，这两种定义产生了相同的效果：经济领域的扩张与爱欲空间的减缩。当事物、身体和符号成为经济符号模式的一部分时，财富只能以一种间接的、反映的和推迟的方式体验。就像在一个无限的镜子游戏中，真正体验到的是稀缺和需求的生产，再通过快速的、内疚的和神经质的消费得到补偿。因为我们不能浪费时间，我们需要回去工作。因此，财富不再是享受事物、身体和符号的能力，而是它们的丧失的加速和扩张生产，转化为交换价值和焦虑。

现在，我们可以回答这个问题：工作是如何重新获得社会情感中心地位的，即为什么社会对工作产生了新的喜爱？

一个原因是众所周知的：在竞争的情况下，工人被迫接受这种原始的敲诈，要么拼命工作，要么死亡。但我们还可以给出另一个答案，它关系到日常生活和与人际关系的贫困，关系到交际体验中爱欲的流失。

对工作的新喜爱的背后原因，不仅在于社会保障崩溃导致的物质贫困，还在于存在和交流的贫困。我们重新喜欢工作，是因为经济生存变得更加困难，日常生活变得孤独和乏味；都市生活变得如此悲伤，以至于我们不妨将其出售以换取金钱。

劳动、交流、社群

"企业"这个词,在资本主义的工业阶段,仅仅意味着一个具有经济目标的资本主义组织,如发展人类劳动和积累价值,而现在意味着更复杂的东西。"企业"一词重新获得其原初人文主义意义的一部分,指的是负责任的人类主动性,旨在改变世界、自然及与他人的关系。

当然,企业是在资本主义经济框架内发展的,因此它的局限性与典型资本主义形式相同:剥削、生产稀缺、暴力强加(violent imposition)和基于力量的规则。但需要理解其中的模糊性:企业虽然受到资本主义规则的支配,但它们并不完全是一回事。在价值积累统治的地方寻找自由、人性和幸福的绝望尝试,就建立在这种潜在的差异上。

欲望的投资在劳动中发挥作用,因为社会生产开始越来越多地纳入脑力活动和象征性、交流性、情感性的行动。认知劳动过程中涉及的确实是人类本质的东西：生产活动不是为了物质的物理转化而进行的，而是为了交流，为了创造心理状态、情感和想象力。

经典的工业劳动，特别是福特主义工厂的组织形式，与快乐无关。它也与交流无关：只要工人在流水线前积极工作，交流实际上就被瓦解、分裂和阻碍了。工业劳动的主要特点是无聊和痛苦，正如20世纪50年代和60年代研究工人异化和原子化的社会学家在冶金工和机械师的陈述中所见证的那样。

因此，工业工人在颠覆性的劳动社群、政治组织或工会中找到了社会化的场所，在这里，成员们组织起来反对资本。当资本将劳动者推向非人境遇（这种压迫性结构至今仍在运作），工人共产主义便成为其谋求美好生活与主体性觉醒的核心载体；当资本迫使劳动者陷入精神被动状态（这种规训机制至今仍在生效），共产主义则成为其获取认知解放的唯一路径。这种共产主义是劳动共同体孕育的普遍意识形态，劳动者在其中得以挣脱抽象劳动的异化枷锁，通过共同的事业愿景与集体神话重构具体化的沟通实践。

工人的共产主义的部分内核已被资本体系所收编,其具体运行机制在于,资本将工人的反抗实践转化为创新动能——拒斥劳动、用机器替代工人、将生产过程重构为数字周期,这些原本具有颠覆性的抗争策略,如今皆成为资本增值链条上的新环节。

工人的共产主义某种程度上已经退化为没有实际价值的残余物,总是更加边缘化。不再有工人的共产主义,因为工人不再属于一个社群。工业工人并没有从地球上消失。事实上,全球化极大地扩大了工业劳动的周期,将其转移到了地球上最贫穷的边缘地区,使其沦为半奴隶制的状态。

但资本的去地域化发生得非常迅速,比工人建立社群的速度要快得多。保罗·维利里奥非常清楚地描述了在现代时期,在国家和军事集团之间的关系中速度的作用。但在阶级斗争中,在工人阶级和资本之间的战争中,速度更具决定性。数字技术和世界经济的金融特性加速了资本转移的步伐、工作组织的变革,以及全球生产中心的创建和解体。这种加速阻碍了人们在资本开始生产过程的地方构建社群。

虽然工业劳动并不意味着交流,也不吸引渴望的能量,但对认知劳动来说恰恰相反。信息工作者有时可以被描述为工匠,因为他们将知识和创造力投入生产网络的过程中。他们的能量从一个生产网络的点转移到另一个点:捕捉信息片段,以便在不断变化的总框架内将之重新组合。

对于与当地社区及其需求深深联系在一起的工匠来说,投资欲望往往具有令人安心的特征;但对于信息工作者,它现在沿着非常不同的路径发展,产生焦虑、不确定性和持续的变化。灵活性意味着必须转移、移动和不断改变视角。对信息工作者来说,这是欲望和生产力的双面支点。经验、知识和流动既是存在的构成要素,又是积极劳动的条件。

认知劳动本质上是交流的劳动,也就是说,将交流投入工作。从某种角度来看,这可以视为经验的丰富。但它也是(这通常是规则)一种贫困,因为交流失去了它无偿、愉悦和爱欲接触的特征,变成了经济上的必要性，一种没有快乐的虚构。

此外，并不是所有可用某种方式定义为脑力活动的工作形式都与交流、发明和创造有关。信息劳动的一个典型特征是它不能归结为任何范畴，更不能归结为去地域化、自治或创造力。坐在屏幕前的终端，每天重复相同操作一千次的人，与他们的劳动的关系，同工业工人与其劳动的关系一样。但我们需要理解的是新元素，即创造性劳动在网络圈中的无限灵活性，它可以组装和拆卸，正是在这种正在解体的认同中，我们可以找到它的欲望和焦虑。在脑力劳动这一整体中，我们需要正确区分认知劳动（在那里，精神能量不断地参与创造性的去地域化）和纯粹应用性的脑力劳动（这种在劳动数量上仍然占主导地位）。即使在脑力劳动周期中，我们也可以区分脑力工作者和链式工人[1]。在此，我将聚焦最具创新性的特定形式，因为它们代表了正在改变整个社会生产的潮流。

---

[1] 链式工人（chain workers）指作为生产或服务交付链的一部分的工人，其中每个人的工作取决于前一个人的任务的完成。链式工人的任务相互关联并在一个过程中形成操作链，也可喻指工作中紧密耦合的个人，如链条中的环节。——编辑注

网络中的认知劳动

为了理解过去几十年社会对劳动的看法经历的转变,以及这种转变如何决定了工人在文化和心理上对劳动的依赖状况,我们既需要分析信息生产领域内欲望的投资,也需要分析劳动关系的形式。

数字转型启动了两个不同但相互关联的过程。第一个是将工作捕获进网络内,即通过数字基础设施使不同劳动片段协调成独特的信息和生产流程。第二个是将劳动过程分散到形式上自主,但实际上相互协调并最终相互依存的众多生产岛屿中。如前所言,认知劳动表现为信息劳动,即通过数字技术实现的无数信息的无限重组。当合作意味着转移、加工和解码数字化信息时,很明显网络是其自然框架。

指挥的功能不再是一种位于工厂中的等级制强加,而是一种横向的、非地域化的功能,渗透到劳动时间的每个片段中。

网络通信的非等级制特性在整个社会劳动周期中变得占主导地位。这有助于将信息劳动表现为一种独立的工作形式。但正如我们所见,这种独立实际上是一种意识形态的虚构,掩盖了一种新的、日渐增长的依赖形式,尽管不再是以前的形式等级制度(对生产行动的指挥是直接和自愿的)。这种新的依赖性在网络的自动流动性中越来越明显:我们的主观(劳动)片段严密地相互依存,所有这些片段都是不同的,但在客观上依赖于一个流动的过程,依赖于一系列自动化机制,这些机制既外在于又内在于劳动过程,调节着每一个动作、每一个生产片段。

无论是只执行任务的工人,还是企业经理,都清楚地感觉到他们依赖于不能中断、不能退后一步的持续流动,除非冒着边缘化的风险。对劳动过程的控制不再由泰勒主义工厂典型的大小领导层级制度保证,而是纳入流动中。手机可能是最好地说明了这种网络依赖性的技术设备。即使在不工作时,大多数信息工作者也会一直开着手机。手机在组织劳动方面发挥着重要作用,而此时劳动者作为一种自我企业，形式上是自主的，但实际上是具有依赖性的。数字网络是实现劳动的空间和时间全球化的领域。全球劳动是无数片段的无尽重组，这些片段生产、加工、分发和解码各种类型的符号和信息单元。劳动是网状活动，在这种活动中，网络激活了无尽的重组。手机是使这种重组成为可能的工具。每个信息工作者都有能力加工一个特定的符号片段，这个片段必须与无数其他符号片段相遇并匹配，以组成一个组合实体的框架，即信息商品或符号资本。

但为了使这种组合成为可能，一个单一的、无限灵活的（并且不断地对符号资本的呼唤做出反应的）生产片段是不够的：需要一个设备，能够连接单个片段，不断地协调和实时定位信息生产的片段。手机作为过去十年最重要的消费品，在大众层面提供了这个功能。如果工业工人想通过在特定区域反复执行生产动作来换取工资，他们必须每天在特定的地方度过八个小时。

产品的运动性是通过流水线实现的，而工人则必须在空间和时间上保持不动。相反，信息工作者不断地在网络空间的长度、宽度和深度中移动。他们移动是为了寻找符号,加工经验,或者仅仅追随他们人生的道路。但在每一个时刻和地方,他们都是可以联系到的,可以被召回以执行特定的生产功能,重新插入全球生产周期中。在某种意义上,手机实现了资本的梦想:在生产周期需要它的确切时刻,吸收尽可能多的时间原子。以此方式,工人把整天都献给了资本,但只有网络化的时间才收费。信息生产者可以被视为神经工作者。他们时刻做好准备,尽可能长时间地将他们的神经系统作为一个活跃的接收终端。一整天的生活都受制于符号激活,只在必要时才直接产生生产力。

但是,我们长期遭受认知的永久性电击[1]所带来的持续压力,这意味着怎样的情感、心理和存在代价?

---

[1] 在竞争激烈的社会环境中,无处不在的网络通信技术要求人们不断地保持联系和响应。这种持续的连接性被比喻为一种"永久性电击"(permanent electrocution),因为它创造了一种持续的、潜在的紧张状态,人们感觉自己必须不断地"通电"以保持竞争力。——编辑注

不幸福的工厂

幸福不是科学的问题,而是意识形态的问题。这才是处理这一问题的方式。

即使在公共话语中无法找到基于科学且连贯的关于幸福的论述,我们依然能看到建立在幸福的观念上的完整交流。我们见证了碎片化和虚构的诉求在流传,这些诉求很少是合理或连贯的,但仍然极其有效。在 20 世纪 90 年代,当生产过程变得非物质化时,主要的修辞都集中在幸福上:幸福不仅是可能的,而且几乎是强制性的。为了达到这个目标,我们必须遵循某些行为规则和行为方式。

无论是极权主义政治话语,还是民主政治话语,都将幸福置于集体行动的视野中。极权主义实施强制性的行为程序,要求公民热情接受,否则他们将被边缘化和迫害:谁不快乐,谁就不爱国。

民主并不期望狂热的集体认同。相反，从成熟的角度来看，我们将民主视为一种不懈的追求，旨在达成一种可能的共处之道，使个人能够认同那些能够带来相对幸福感的个人行为和公共行为。

资本主义经常（毫无理由）地被描述为民主不可分割的伴侣（尽管我们知道它经常在远离民主政权的阴影下繁生），但实际上它根本不宽容。因为它期望热情参与普遍的竞争，然而在竞争中，如果没有充分而令人信服地部署我们所有的能量，是不可能获胜的。

极权主义政权，像纳粹主义、法西斯主义和威权国家，以集体和同质化的幸福为名，剥夺了人民的自由，从而产生了无尽的悲伤。

但即使是自由经济，随着广告话语以夸张但有说服力的方式表现对利润和成功的崇拜，最终也产生了由不断的竞争、失败和罪恶感引起的不幸福。

在20世纪90年代，新经济的理念声称，自由市场游戏为人类创造了最大的幸福。事实上，新经济的一个效果是意识形态和广告信息的同化，以及将广告转变为经济理论和政治行动的某种范式。

众所周知,广告的话语基于创造虚构的幸福模式,并邀请消费者复制这些模式。广告系统性地生产幻觉,因此也系统性地生产幻灭、竞争、失败、欣快和抑郁。广告的交流机制基于产生一种匮乏感,引诱人们成为消费者,以便感到满足,最终获得一直逃避我们的幸福。

自我实现和拒绝工作

我们已经看到,在 20 世纪 60 年代和 70 年代,在工业系统成熟阶段的顶峰,当福特主义机械和重复的模式臻于完美时,工人们对工业劳动的疏离感和他们对工作的拒绝,在一场将异化问题置于其批判体系核心的文化浪潮中找到了支持。从其哲学意义上讲,异化意味着失去人类的本真性,将男女根本性的东西换成物质上有价值的东西,如工资、金钱或消费品。受存在主义影响的唯心主义哲学在那些年的政治运动中广泛传播。它们认为资本主义是造成异化的罪魁祸首,异化剥夺了人们的人性,换取商品循环中的从属和顺从式参与。因此,这些哲学将实现生产劳动和自我实现相结合的社会境况作为其主要政治目标。

20 世纪 70 年代,女性主义和同性恋运动认同"个人的,即政治的"这一理念。他们的意思是,社会斗争不只关乎政治权力和共和国的治理。它首先关乎生活质量、快乐和痛苦、自我实现和对多样性的尊重。欲望是集体行动的引擎。

《穿越》（*Altraverso*）是一本对 20 世纪 70 年代青年运动有一定影响力的杂志。它曾经以"幸福若是集体性的，那么实践幸福就具有颠覆性"为口号。1977 年的运动——在其五颜六色、富有创造力的意大利版本和其朋克、哥特、令人不安的英国版本中——建立在一个直觉上：欲望是每一个社会变异的过程、每一个想象的变化、每一个集体能量的转变的决定性场域。只有将之作为欲望的表现，我们才能理解工人们通过旷工和破坏来拒绝工资关系，拒绝使他们的生活适应流水线节奏。

富有、有意识、在生产和文化上自主的解放的个体，怀着愤怒偏离了牺牲的意识形态和工作伦理：工作被谴责为纯粹的等级重复，缺乏任何智慧或创造力。因此，1977 年的运动利用幸福意识形态作为有力工具，不但批判泰勒工厂和福特主义生产周期，而且批判基于工厂模式的社会和规训结构。

在接下来的几年里,一些决定性的事件彻底颠覆了生产、社会和文化的景观。

首先,数字技术迅速传播,在许多方面改变了生产劳动的模式及其关联。

其次,工厂模式的递阶结构(hierarchical structure)崩溃。

自我实现的渴望在重建一个完美契合数字化生产模式的社会运转模型中至关重要。社会历史可被看作一部关于拒绝工作与重构生产系统的连续故事,其中两者相互抵制又相互呼应。在工业社会中,资本和工人阶级有着相互矛盾的利益,但两者也有着共同的利益。矛盾来自资本旨在从活劳动中榨取最大化的劳动时间和价值,而工人的利益则是避免剥削,为自己节省身体和智力能量。然而,与此同时,工人和资本都有兴趣减少必要的劳动时间,引入生产自动化、机器和技术。实际上,这就是发生的事情。正如马克思在他的《政治经济学批判大纲》中预见的那样,工人争取权力的斗争推动资本使用机器代替工人。微电子技术的引入、机械的数字化和生产过程的计算机化迅速导致劳动特性的转变和劳动的普遍智能化。

在20世纪，关于智力劳动和体力劳动之间关系的问题不断被提出。韦伯论述了这种关系，列宁将之作为党的理论基础，葛兰西在新的视角下对之重新思考。但是，在工人运动的理论传统中提到智力劳动时，它指的是与商品生产过程分离的职能，即一种控制功能，这种功能通过意识形态来管理和组织人们的认同，因此，它是一种执行和政治功能。

本质上，真正的生产职能委托给了体力劳动，即物理材料的直接转化。智力劳动获得了物质力量，成为工业劳动和工人阶级实现政治赋权与技术赋能的工具。自动化在成熟的工业时期已经开始普及：这意味着机器可以承担转化功能，从而大大增强了体力劳动。在20世纪70年代，随着数控仪器和灵活自动化系统的引入，越来越多的操作功能转移到机器上。但是20世纪80年代的决定性转变是工作过程的系统计算机化。由于数字化，每一个具体事件不仅可以符号化，还可以仿真，被信息取代。因此，将整个生产过程逐步化约为信息的加工和交换成为可能。

事实上，信息是什么？信息不仅是对物体或事件的符号传递。信息是形式的创造，注入物体或事件中。信息是价值的创造，是商品的生产。每一个物体、事件和商品都可以被算法信息取代，算法信息能够将该物体或事件转化为可交换的存在。

信息生产已进入商品生产、服务、（物质的和符号的）物体的所有周期，因为数字化创造了一个与物理世界在操作上已融为一体的仿象世界。

信息生产模式的形成伴随着劳动力的文化和心理演变，从根本上改变了活动观念。在传统的工业社会中，工人感到他们的智力、个性和创造力遭剥夺。在高科技生产中，事实上，认知能力投入使用，个人特点看似得到了重视。

劳动的知识化是 20 世纪最后二十年生产过程技术和组织变革的主要后果，它为自我实现开辟了全新的视野，但它也为资本的价值化开辟了一个全新的能量领域。到 20 世纪 70 年代末，基于对等级制度和重复性的批判，工人对工业劳动的不满已从资本中抽走了能量,远离了它的支配。所有的欲望都位于资本之外,吸引了那些正在远离其统治的力量。在新经济的信息生产新现实中,情况完全相反:欲望驱使人们注入新的活力,通过工作获得事业及自我实现。在经济企业、生产劳动和商业之外,似乎不再存在任何欲望或活力,资本能够更新其心理、意识形态和经济的能量,这尤其要归因于吸收了创造力、欲望,以及个人主义和自由主义的自我实现动机。

百忧解经济

20世纪90年代是认知劳动与重组资本联盟的十年。在这一时期，由网络交易、广告周期、风险资本和退休基金产生的金融流，转入了虚拟生产的周期。因此，认知劳动可以成为企业进入技术领域和媒体景观的形成循环（formation circuits）。大批创意工程师、自由软件程序员和艺术家成为智慧的无产阶级，他们除了认知劳动力外一无所有，他们可以基于经济和创造性开创企业。在那些年里，一场真正的战斗打响了，这场战斗是在弥散式的、自由主义的、平等主义的、集体性的智慧与新经济的寡头之间进行的。

互联网企业的遍地开花也代表了社会收入的重新分配，为研究和实验赢得了收入。网络模式、生产合作原则和开源在社会中扎根，这得益于重组资本和认知劳动的联盟。

20世纪90年代的这种联盟是在新自由主义意

识形态的标志下发生的，新自由主义颂扬市场，将其描述为一个能够完美自我调节的空间。完美的自我调节当然是一个幼稚的童话，因为真正的经济游戏涉及权力关系、暴力、黑手党、盗窃和谎言。因此，垄断开始主导信息技术、媒体系统，以及认知工人在其中投入能量的几乎所有其他领域——他们幻想着能够建立独立的企业。认知劳动和重组资本之间的联盟，以市场屈服于寡头统治而告终，认知劳动受制于独霸世界经济的大金融集团的决策。在2000年，股票交易市场的崩溃导致了创新行业的能量的丧失，恢复了基于石油的旧经济的统治，将世界重新引向毫无意义的恐怖的战争。

竞争是新自由主义者过去几十年的普遍信仰。为了刺激竞争，需要注入强有力的攻击性能量，一种可以不断调动心理能量的永久性电击。20世纪90年代是精神药理学的时代：一种百忧解经济。

狂躁成为20世纪90年代中期金融、消费和生活方式的主要节奏，导致系统性使用诱导欣快情绪的毒品——甚至包含影响神经语言编程的毒品。西方社会中越来越多的人受到不间断的精神亢奋的影响，到了崩溃的地步，像驱魔一样唤起了诸如千年虫的都市传说。一旦那个幻想威胁消散，真正的崩溃就来了。但新经济的集体心理已经达到了不可逆转的地步。1999年艾伦·格林斯潘[1]谈到市场的"非理性繁荣"时，他的话与其说是金融诊断，不如说是临床诊断。繁荣是药物和过度开发可用精神能量的效果，是注意力饱和导致人们达到恐慌极限的效果。

恐慌是对抑郁性崩溃、精神混乱和失去活力的预期。

最后，百忧解崩溃的时刻到了。

新千年在庆祝大规模的合并潮的气氛中开始：美国在线和时代华纳的合并，意在对全球思维进行广泛渗透。紧接着，欧洲电信企业向通用移动电信系统投入巨额资金。这些举措均发生在美国

---

[1] Alan Greenspan，1987年至2006年任美国联邦储备委员会主席，许多人认为他是美国国家经济政策的权威和决定性人物。——编辑注

世界通信公司、安然及整个网络经济崩盘的前夕。这场危机——仅仅是 2008 年最终灾难的微弱前兆——首次暴露出这样一个问题：成群的认知劳动者正遭受心理病理综合征与压力的双重夹击，其群体稳定性已濒临崩溃。

恐慌抑郁综合征与竞争

在《疲于做自己》一书中,阿兰·埃伦贝格讨论了抑郁症作为一种社会病理综合征,特别依赖于以竞争为特征的情景。

> 过去,行为管理上奉行的纪律模式、权力规则和禁忌规范维持着为不同社会阶层和性别指定不同命运的社会体系。这些规范渐渐开始让位于激发个人主动性、迫使人们做自己的新规范,抑郁症就是在这个过程中获得巨大成功的。这种新规范导致生命的责任需要我们每个人去负担……抑郁症表现为一种责任感的疾病,无力感是其主旋律。抑郁症患者不能胜任这份负担自己生命的工作,他们厌倦了做自己。[1] 1

---

1 疲于做自己,阿兰·埃伦贝格著,王甦译,南京大学出版社,2025年版,第2—3页。

一方面，抑郁症与自我实现意识和幸福律令密切相连；另一方面，抑郁症是用心理学语言定义的一种行为方式，在竞争、生产和个人主义背景之外，这种行为肯定不会被认为是病态的。

> 自20世纪80年代以来，主宰抑郁症的就不再是精神痛苦，而是抑制、迟缓及无力：过去的悲伤激情转换成了行动上的卡壳，这一切发生在以个人主观能动性作为衡量标准的社会背景下。[2] 1

竞争意味着冒险的自恋刺激，因为在高度竞争（如资本主义经济，特别是新经济）的背景下，许多人被召唤，但只有少数人被选中。社会规范不承认失败的可能性，因为这种失败被归因于精神病理学背景。没有竞争，就没有失败，但社会规范不能承认失败的规范，否则就会质疑其自身的意识形态基础，甚至其自身的经济效率。

---

1 疲于做自己，阿兰·埃伦贝格著，王甦译，南京大学出版社，2025年版，第13页。

新经济的另一面自然是使用精神兴奋剂或抗抑郁药物。这是被隐藏、否认、移除的一面，但绝对是决定性的一面。在新经济经营者中，有多少人能在没有百忧解、左洛复甚至可卡因的情况下生存？

对那些可以在药房或街头购买的精神类药物的依赖，是心理病理经济的一个结构性元素。

经济竞争成为社会联合体的主要心理律令时，我们可以肯定地说，大规模抑郁的诱因就会出现。实际上，这种情况正在我们眼皮底下发生。

社会心理学家已经指出，在过去几十年，由于自由主义思潮盛行，超级资本主义高歌猛进，恐慌和抑郁这两种病理已是毋庸置疑的事实。

恐慌是心理学家不太了解的一种综合征，因为在过去它似乎很少发生。恐慌综合征直到最近才被诊断为一种特殊现象，很难找到其生理和心理原因，而且更难找到有效的疗法。我没有雄心为这种综合征引起的病理问题提供任何解决方案。我只是对恐慌的意义进行一些观察。恐慌是我们面对自然的无限时的感觉，我们感到不知所措，我们的意识无法接受世界在我们身上产生的无限刺激。恐慌（panic）的词源来自希腊语"pan"一词，意思是"一切存在"：名为"潘"的神带来了一种崇高的、毁灭性的愚蠢，席卷了那些接待其来访的人〔见詹姆斯·希尔曼的《论潘神》（James Hillmann, *An Essay on Pan*）〕。但是，我们该如何解释这种综合征在我们时代的传播呢？我们能否找到它与其表现和传播的背景之间的关系？

社会背景是竞争，所有的能量都被动员起来以超越他人。生存不再基于做好充分的准备和具备足够的能力，而是不断地受到质疑：如果一个人不赢，在几天或几个月内，他可能会被淘汰。

技术背景是全球机器节奏的不断加速，相对于个体大脑有限的处理能力，网络空间在不断扩张。

传播背景是信息圈（Infosphere）的不断扩张，其中包含竞争和生存所依赖的所有信号。

这与恐慌的希腊语词源描述的情景不是非常相似吗？

信息圈的无限广阔，压倒了人类的处理能力，就像崇高的自然压倒了希腊人在面对潘神时能召唤的感觉能力一样。网络空间扩张的无限速度,接触到对生物体生存至关重要的符号的无限速度,产生了感知、认知和心理压力,最终导致所有生命机能(如呼吸和心跳)危险地加速,从而崩溃。

如果这种对恐慌的解释有任何意义,那么这不仅是一种个体精神机能障碍,而是广泛传播的、几乎是普遍化的社会综合征的个体表现。它是一种集体行为,显示出最明显的恐慌迹象。

集体恐慌产生的现象(如对移民的非理性攻击、体育场馆中无意义的大规模暴力),以及其他看似正常的行为(如当代城市空间中个人关系的特征),不能通过政治说服或司法镇压的手段来纠正,因为它们与政治、意识形态无关,而是取决于由信息圈的过剩、超刺激和无尽的认知压力引起的社会精神病理学,这是由永久性电击引起的。

当网络通信技术被用于竞争性社会环境,将有机体投射到一个无限、超快的经济相关符号流中,永久性电击是其常规境况。

一旦有机体超负荷工作到无法承受的程度,

恐慌危机可能导致崩溃；或者有机体可能会从通信流中分离出来，表现为心理学家说的心理动机的突然丧失，也就是抑郁。

当抑郁出现，我们首先受到的影响是，之前以自恋的方式注入的能量减少了。一旦有机体意识到它无法承受进一步的竞争压力，意识到在吸收其一切动机的关系中，它是一个失败者，那么在有意识的有机体和它的世界之间，就会产生一种零强度（zero degree）的交换关系。

当抑郁出现，我们往往会受到动力消退的影响，而其起因是失去了曾经是自恋关注焦点的对象。

抑郁的人说，"世界不再有意义了"，因为他或她自恋激情的对象已经失去了。这或许能解释抑郁作为一种次要病理综合征（与我视之为主要病理综合征的恐慌相比）的传播，在基于竞争原则和由技术工具加持的社会中，这些技术工具对于围绕有机体的通信圈的无限加速是必要的。

以下关于两种互补性综合征的描述颇具意义，有助于我们剖析当下不断滋生心理病理现象的社会心理框架。

沉迷于苯丙胺的好斗的年轻人,开着豪华改装车去工作,准备尽最大努力增加他们在公司收益中的份额,并获得老板的认可;同时,他们都会来到充满恐慌的候诊室。同样,他们年轻的光头兄弟每周日在足球场上互相殴打,表达的仍然是一种在正常工作周期间积累的恐慌情绪。

政治文化始终拒绝承认,无论是可以在药房购买的合法药物(这些药物为罗氏和葛兰素带来惊人的利润),还是为黑手党带来利润的非法药物,都是竞争社会的一个关键因素(甚至是最重要的因素之一)。

虚拟阶级和知本阶级

虚拟是有形的实体遭到消除的现实。冷漠的思想在网络世界中可以很好地被识别,在网络世界,与他者的关系是虚假的快乐,实际上已去性别化。

冷漠的思想是对数字技术的非批判性赞美。数字技术基于世界实体性的丧失,基于能够复制所有生命形式的仿真算法。只有一个品质除外:它们有形的现实、它们的物理形态,即它们的暂时性。

诺亚将地球上的所有生物聚集在他的方舟中,使它们不毁于洪流。今天,以类似的方式,我们可以进入我们的空调方舟,在数字洪水的波浪上漂浮,而不会失去与人类积累的文化遗产的联系,且与其他方舟保持联系。与此同时,在下面的物理星球上,野蛮的暴徒成群结队地四处游荡,并发动战争。

那些有能力的人，会把自己隔离在一个充满压力且极度互联的封闭环境中。他们在身体上与其他人隔离（他人的存在，成为不安全的因素）。他们无所不在，可以根据他们的愿望在任何可能的地方虚拟存在。

这种精神分裂症式的空间图景，的确需要两套迥异的认知框架——两套分别描绘着所谓"虚实二分"世界的认知图谱。虚拟阶级的认知图谱经过无菌化处理，其展示的客体早已被祛除时间维度与物质性。这种对肉体性的祛除被包装成通向永恒幸福的密钥，实则不过是冰冷虚幻的骗局：它不仅抹除他者的身体存在，更将主体自身的肉体性一并清零，最终否定了脑力劳动的具身性、性征的肉体根基，以及精神生命的有限性。

正是出于这些考虑，我认为需要一个新的概念，能够从肉体、历史和社会的角度分析虚拟阶级。

虚拟阶级的概念，强调了由符号资本产生的工作流的社会未定义、难以捉摸的特征。虚拟阶级是那些不认同任何阶级之人的阶级，因为他们没有社会或物质结构：他们的定义，取决于他们自己的社会肉体性的移除。

这似乎是一个有趣且有用的概念。但我想找到一个补充概念，能够定义脑力劳动在符号资本生产中（被否定的）肉体性和（被避免的）社会性。因此，我使用了"知本阶级"这个概念。从其社会肉体性的立场来看，知本阶级是符号劳动流，具有社会传播性且碎片化。虚拟阶级没有需求，但知本阶级有。虚拟阶级不受持续剥削注意力所造成的心理压力的影响。知本阶级是受影响的。虚拟阶级除了作为集体智力外，不能产生任何有意识的集体过程。知本阶级可以自认为是一个有意识的社群。

显然，"知本阶级"这个语词包含了两个概念：认知劳动和无产阶级。

知本阶级是认知劳动的社会肉体性。在认知劳动的社会定义中，真正关键的是身体、性别、肉身和无意识。

在皮埃尔·莱维最著名的作品《集体智慧》(*Collective Intelligence*, 1999) 中，他提出了集体智慧的概念。他写道,多亏了数字网络,所有人类智慧协同参与构建集体智慧(这一构想)得以具象化,且在技术、数字和虚拟条件下创造一个世界的设想成为可能。但认知工作者(以脑力劳动为主的工作者)的社会存在并不局限于智力层面:就其具体生存状态而言,他们是具有肉身之躯的凡人,他们时刻保持专注、持续发力,致使神经紧绷,双眼紧盯着屏幕,因长时间凝视而倍感疲劳。

中毒的灵魂

III

从无法交流到过度交流

在 20 世纪 60 年代的批判性语言中,"异化"一词通常与"无法交流"结合在一起。从这两个词开始,将近半个世纪后,我将开始分析社会文化和心理景观的变异。

在 20 世纪 60 年代,工业城市景观代表了一种沉默不安和人际关系行为日渐稀少的背景。工人们被迫站在流水线旁,周围是地狱般的金属撞击声;人与人之间不可能有任何交流,因为唯一可理解的语言是机器的语言。因此,事物的语言取代了象征性的交流。交流的空间似乎逐渐消失,而"事物"进入了每一个情感、语言和象征的空隙。

工业时代的文学作品(如 20 世纪 60 年代的新小说),或米开朗基罗·安东尼奥尼的电影,充分展示了这种令人不适的人际关系的诸多面向。在符号资本主义的后工业景观中,人际关系的不适仍然是社会场景的中心要素，但它是一个与工业全面发展那十年完全不同，甚至相反的情况的产物。

当前涌现出的这种不安源于一种沟通过载的处境。过去，我们依靠机械装置的运转，以流水线的方式将工人们串联起来；而如今，流水线已被数字通信网络所取代，这种网络通过符号将人们联系在一起。生产生活充斥着各种符号，这些符号不仅具有实用价值，还具有情感、情绪、指令或劝阻的价值。这些符号一旦出现，就会引发一系列的解读、解码，以及有意识的反应。持续调动注意力对生产功能至关重要：生产系统所投入的能量本质上具有创造性、情感性和沟通性。

符号流的生产者也是它们的消费者，符号流的用户都是生产过程的一部分：所有的出口也是入口，每个接收者也是发送者。

我们可以随时随地使用数字电信技术，实际上我们必须这样做，因为这是参与劳动市场的唯一途径。我们可以到达世界上的每一个点，但更重要的是，从世界上的任何一点也可以抵达我们。在这些条件下，隐私及其可能性遭废除，如果我们按照这个词最完整的意义，而不仅是根据其特定的法律定义来理解它的话。我们使用"隐私"这个词时，通常指的是一个免受公共眼光窥探的空间，也就是说，执行纯粹私人的、不透明的行动和交换的可能性。为了保护公民的隐私，不断制定法律规则，忘记了隐私不仅代表不被监视的权利，还有拒绝监视的权利，拒绝观看或持续接触我们宁愿不看不听的东西的权利。广告不断侵犯这种隐私，将视觉和听觉信息引入我们视觉空间的每一寸、我们时间的每一秒。公共场所（火车站、机场、城市街道和广场）电子屏幕的泛滥，正是这种对我们的公共及私人维度感受的恶劣侵占的重要组成部分。

在任何地方，注意力都受到围攻。

不是沉默，而是从未间断的噪声，不是安东尼奥尼的"红色沙漠"，而是承载了太多驱使行动的神经刺激的一个认知空间：这就是我们时代的异化。

异化的概念（成为异己）可以用不同形式呈现。在工业领域，它表现为物化。我们可以根据黑格尔的"自在"概念来理解它，该概念表明了一种本真性的丧失，但同时也蕴含着一种否定之否定的辩证条件，这一条件将引领主体实现整体的复归。毕竟——我们切不可忘记——对于黑格尔而言，"实体即主体"，这是绝对精神辩证法全面展开的体现。

在青年马克思的分析中，人文社会主义所指的异化概念与商品中心的拜物教的批判，以及工人和消费者经历的"物化"过程的异化有关。在这种情况下，异化的克服，被理解为：新主体（共产主义的完整人类）的出现，他摆脱了商品的统治，拥有自己的工作过程。

在后工业领域，我们应该谈论非现实化，而不是物化。相应地，我们理解异化的概念为：1）一个特定的精神病理学范畴；2）自我痛苦的分裂；3）一种苦恼与挫折感，源于他者无法接触的身体，源于无法共情的个体失调的情感——个体无法与他异性建立愉快的关系，因此也无法与自我建立愉快的关系。

正是异化术语的第三层含义,最好地描述了我们的时代:一个以灵魂臣服为标志的时代。在这个时代中,充满生命力的、创造性的、承载语言的、饱含情感的肉体存在,正被价值生产体系彻底吞噬与重构。

前两层含义定义了工业领域的不适现象学。在那里,我们可以观察到物化的效果:"自我变成事物。"在工业主义和工业消费主义的社会条件下,个体认为他们的身体是被剥夺的东西、陌生的东西。

在第三层含义中,它描述了非物质劳动领域的不适现象学,我们可以看到非现实化的效果:社会、语言、心理、情感无法触及事物,无法拥有身体,无法享受他人作为有形和物理延伸的存在。

"物化"一词指向的是,人类时间的"事物化"进程:当精神活动与劳动功能被割裂,生命活力随之流逝,最终无生命体竟反客为主,成为支配人类的"物"。而"去现实化"(DE-REALI-

ZATION）则揭示着另一种困境：鲜活的肉身始终无法真正触达他者鲜活的肉身，认知功能与物质性的社会联结之间，横亘着一道病理性的裂痕。

在语言的荒漠中

"异化"和"无法交流"这两个语词在 20 世纪 60 年代欧洲批判话语中经常被引用,它们几乎成为那个时代的缩影,就像"全球化"和"虚拟性"可以视为当下的缩影一样。除了超越任何批判性概括,以及对与"异化"这个词相关的整个概念领域的反人道主义哲学清算,还有必要重新发现这些概念的含义和历史性,以便理解它们如何帮助解释那个文化"契合点",它们如何帮助我们理解连接世代的新(真的是新的吗?)人类境况。

在 1964 年的电影《红色沙漠》中,安东尼奥尼捕捉到来自形象艺术和新小说的能量,通过背景色彩、波普风格的公寓内室和荒凉的工业外观来表现一种体验的质量,其中人际关系的温暖和直接性已经丧失。婚姻危机、逃避和冒险只是恰逢其时地可用以描述普遍存在于任何关系——首先是与自我的关系——中的莫名不适感。这是意大利资产阶级在那些年份经历的危机：它为1968年的运动准备了氛围，这是一个解放的时刻，在这个时刻，集体的新温暖取代了私人关系的冷漠。安东尼奥尼是最为成功地再现这种转向的导演，这种转向不仅与文化、政治有关，而且首先与情感的敏感性、质量有关。接近于波普艺术的经验，安东尼奥尼能够用色彩和形式表现对细微差异的抹平，表现对不同生活面相的同化。

在伯格曼1966年的电影《假面》中，也发生了类似的事情，然而，伯格曼的意图完全不同。在这部极其缓慢、令人眼花缭乱的黑白电影中，交流的稀疏成为那些年里酝酿的人文氛围的风格密码；后来，学生革命带来的温暖和爱欲的新风最终改变了整个情绪景观。《假面》中的沉默、失语不能理解为个体精神病理学的单纯标志，而是代表了历史和社会场中的无法交流。伯格曼的沉默和情节发生地（充满阳光的北方海滨度假胜地）是隐喻，代表了变成孤独的空虚，代表了身体之间无法逾越的距离。

"异化"概念是与这两部电影相关的批判性话语的核心,它们对20世纪60年代的艺术场景极为重要。在那个背景下,异化指的是人对物的屈服。

在工业时代的顶峰,物的世界正在爆炸:批量生产产生了标准化对象的无数样本,流水线作为一种生产技术,使人类手势服从于机械节奏。因此,机器变成了一个有生命的物体,而身体变成了一个无生命的物体,与任何形式的意识分离。与此同时,大众消费将与现有商品相关的行为做了顺序排列。

几十年的连续物化对我们的认知影响如此之深,以至于今天我们不再能够意识到,物的他异性在多大程度上改变了日常经验的世界,使我们与自我疏离,假如我们承认"自我"还意味着任何东西的话。

《蛇蛋》

在 1977 年的电影《蛇蛋》中，英格玛·伯格曼讲述了 20 世纪 20 年代德国纳粹主义的兴起，就好像它是（心理）社会空间的一次（身体）中毒，是一种对人际关系网络与日常生存境遇的全面渗透。伯格曼经常将异化主题处理为心理痛苦、灵魂的痛苦沉默和无法交流，在这里，他对纳粹主义引起的人类退化过程，提供了一个唯物主义的、几乎是化学的解释。

在这部电影中，异化与人类本质无关：它是有毒物质渗透，人们（丽芙·乌尔曼和大卫·卡拉丁）在他们狭小的栖息地内呼吸空气而中毒。

《蛇蛋》通常不被视为这位瑞典导演最好的电影之一，但我认为，从他个人艺术发展脉络及后现代文化进程的角度来看，它是最有趣的电影之一。该片为历史性赋予了新的定义，将其解读为一种心理与语言过程，并由此将异化重新阐释为一种物质性的、化学性的，或更准确地说，神经化学性的突变。社会病态现象首先体现为一种交流障碍。无法交流，这一关键概念，标志着一个复杂的问题领域：交流的减少、情感关系的不安，以及人类互动领域的实际污染。

在《蛇蛋》中，伯格曼重新思考了无法交流的问题：乌尔曼和卡拉丁之间的交流逐渐被毒害，因为有毒物质渗入他们的四肢、肺部，最终进入他们的大脑。因此（在一个以缓慢、催眠的动作拍摄的群众场景中），社会主体被纳粹主义转变为一个无定形的群体，被剥夺了自己的意志，随时准备被牵着鼻子走。我们在这部电影中发现的心理屈服的隐喻，远远超出了德国纳粹主义的例子：它可以描述其他集体心理污染的过程，如消费主义、电视商品广告、攻击行为的产生、宗教原教旨主义和竞争性从众行为。

《蛇蛋》的隐喻避免了20世纪60年代（这是黑格尔复兴的年代）盛行的关于"异化"一词的本质主义和唯心主义定义。这个隐喻应该理解为一种在社会上传播的精神病理的直觉。一旦我们将"异化"这一概念从其真正的黑格尔语境中抽取出来,其解释效用就显现出来。然而,我们可以在现象学和精神病理学背景下重新使用它,以便定义我们在后工业时代的现状。在这个时代,与工作相关的困扰往往立即牵涉语言和情感的领域,牵涉关系和交流的领域。

在1977年的电影《蛇蛋》中,伯格曼谈论的是那时的未来,但在今天,在新千年,已经变成当下。那种毒药已经像神经毒气一样每天被带入我们的家庭,影响我们的心理、情感和语言:它体现在电视、广告、无尽的信息生产力刺激和能量的竞争动员中。自由主义经济学在有机体上产生了突变效应:它们比纳粹主义产生的突变效应更深,因为它们活跃在社会的生物学和认知肌理中,在社会的化学组成中,而不是在表面的行为形式上。

1977年12月25日,查理·卓别林去世,这位戴着圆顶硬礼帽的人,从仍然能够人性化的人类的角度讲述了现代工业主义的非人性化的故事。这里没有善良可言。那年秋天,《周末夜狂热》在电影院上映，介绍了一个新的工人阶级，他们乐意被剥削一整周，以便在周末夜里戴着涂有发胶的头发跳舞时表现出色。

1977 年是人类历史上的一个转折点；这是后人类视角形成的一年。1977 年是充满噩兆的一年：在日本，这是青年自杀年——高达 784 起。一连串的儿童自杀事件引发了巨大的丑闻，仅在 10 月份就有 13 名小学生自杀。20 世纪 80 年代出生的一代注定是视频电子的第一代，是在媒体的环境中受教育的第一代，他们与网络的接触远远多于与人类身体的任何其他碰触。在随后几十年的美学和文化风格中，我们见证了一个净化、去形体化的过程。这是一个长期文化消毒过程的开始，其效果是将视频电子的第一代同时变成客体和主体。干净取代了肮脏，大胆无畏胜过了惊险担忧。在随后的十年中，艾滋病流行的危险使整个身体性（领域）再次发生转变。肉体接触充满危险与刺激，要么变得僵硬、呆滞，要么病态地极度炽热。如此，便为 20 世纪最后二十年的认知突变做好了准备。有机体变得对代码敏感，且倾向于建立连接,持续不断地与数字宇宙交互。

感知到这种变异的是感性,而非理性。感性以自我毁灭的疯狂运动做出反应,最明显的标志是海洛因成瘾的泛滥。美国"无浪潮"、伦敦朋克,以及意大利和德国自治运动所带来的存在主义及艺术体验,标志着意识的最后觉醒,反抗感性领域和集体心理发生的变异,反抗被污染的灵魂,以及随之失去活力的身体。

异化与欲望

我们一直在探讨的"灵魂",实则是一种隐喻,它代表着将生物物质转化为鲜活躯体的能量。从某种意义上讲,我们可以说灵魂是与"他者"建立的关系,是吸引、冲突与关联。灵魂是语言,是构建与他异性关系的桥梁;是一场诱惑、臣服、支配与反抗的游戏。

在资本主义的历史中,身体受到规训并被投入劳作,而灵魂则被搁置、空置、忽视。工人希望用他们的灵魂、思想、语言和情感做什么,工业时代的资本家对此毫无兴趣。身体每天8(或9、10、12)小时被迫重复奇怪的、异化的、敌对的动作。灵魂沉默不语,直到它奋起反抗;然后身体拒绝屈服,中断其劳作,打破锁链,阻断生产的流程。

灵魂与身体的异化被唯心主义人道主义视为最大的耻辱,然而它最终可能看起来像一种力量。

一旦异化变成积极的疏离，激活的身体就认识到了它与资本利益的距离。然后，人类重新发现了他们的心智的完整性，拒绝屈服于雇佣劳动，转而开始建立一个有意识的、自由的、充满凝聚力和爱欲的共同体。

身体对于服从支配的颠覆成为可能，恰恰是因为灵魂与身体相分离：语言、人际关系、思想，以及所有认知活动和情感能力，都与劳动过程保持距离。因此，尽管身体遭受奴役，但（这些方面）却是自由的。流水线工人虽被迫重复相同的动作，但他们的大脑至少在精力尚存、尚未被疲惫和悲伤压垮时，仍能自由思考。尽管机器轰鸣作响，人们依然能够讨论问题，并开启自主与反抗的进程。但在符号资本主义中，灵魂本身也被投入了劳动。这是我们在20世纪最后几十年所经历的后工业转型的关键所在。

当这场认知革命悄然推进时，哲学思想也悄然完成了话语体系的重构。自1970年代起，"异化"概念逐渐淡出哲学词典，其赖以生存的历史主义人文语境也随之瓦解。后结构主义理论为

"他者性"问题重构了概念坐标系,福柯的"规训"、德勒兹的"欲望生产"、阿甘本的"生命政治"等新范畴,取代了黑格尔的"主奴辩证法"与马克思的"劳动异化论"。权力结构的嬗变与社会主体性的重构,自此被置入全然不同的理论透镜之中。

在接下来的篇幅中,我将分析这些主题。我会从对一些作者提出的问题的思考开始。这些作者在20世纪末对欲望和规训的身体进行了理论思考。除了让-弗朗索瓦·利奥塔,我还将特别关注福柯、德勒兹和加塔利。

我还将引用另一个名字,这个人在那个变化的语境中对物有着非常不同的看法,他专注于"仿真""内爆"和"灾难"等概念。我指的是鲍德里亚。他公开对基于欲望的哲学立场进行辩论。在那些年里,那场辩论在哲学领域内仍然处于边缘,但今天我们可以看到,它的核心充满了意义,充满了理论和政治的内涵,这些内涵仍然令人震惊地富有时代性。

欲望是一种幻象

佛教贬低欲望,因为欲望是幻象的源头,幻象以世界的形式流动。即使是斯多葛派也认识到,哲学行动的主要目的是切断我们对情感和欲望之流的依赖。

我们当然尊重那些能够从幻象之流中抽身、超越激情的支配的卓越智慧。欲望之流是幻象的源泉,知识的最终目标是中断欲望之流。然而,我们需要承认,这种幻象就是历史、城市、爱恋、存在:这是我们明知是游戏却依然在玩的游戏。在试图逃离幻象之流的同时,我们也试图理解它,在我们通往智慧的道路上理解它。

然而,仅仅承认世俗经验是源自心灵的心理之流的外在呈现,或仅仅理解社会现实是无数心理趋向[1](mental drifts)的心理动力学的交

---

[1] 指个体在心理层面自发产生的、非计划性的思维流动或心理活动,通常与注意力分散、白日梦或无意识的思考过程有关。

汇点[1]，是远远不够的。即便我们深刻领悟了这一真相，仍需直面那名为"现实"的幻象所带来的影响。

对德勒兹和加塔利的理论的简单解读常常误解欲望的概念。在德勒兹的语言及"欲望运动"（desiring movement）对其的解释中，我们可以这样定义：欲望常被视为主观的、一种本质上积极的力。

我必须承认，关于这一点，这两位哲学家的作品中都存在暧昧之处。我必须承认，在我对德勒兹和加塔利理论的"政治翻译"中，有时，我把欲望视为一种对抗支配的积极力量。但这种庸俗化的形式需要纠正。

欲望不是一种力量，而是一个领域。这是一个激烈斗争发生的地方，或者更确切地说，是一个不同且相互冲突的力量纠缠的网络。欲望不是

---

[1] 指心理动力学领域中不同心理力量、动机或无意识内容相互交汇、相互作用的节点。心理动力学，源自弗洛伊德的精神分析理论，强调无意识心理过程、内在驱力（如性驱力）及防御机制对个体行为和心理的影响。

好孩子，也不是历史的积极力量。欲望是心理领域，在那里，想象流、意识形态和经济利益不断冲突。比如，存在一种纳粹式的欲望。

欲望是历史的核心领域，因为在这一领域内，那些对集体心智的形成、因此也是对社会进步的主轴而言至关重要的力量，它们通过并置或冲突在此相遇。欲望评判历史，但谁来评判欲望？

自从专门从事"想象工程"的公司（迪士尼、默多克旗下的媒体帝国、梅地亚塞特媒体集团、微软、葛兰素史克）掌控了欲望领域以来，暴力和无知就被释放出来，挖掘出技术奴隶制和大众从众心理的无形战壕。这些力量已经殖民了欲望领域。这就是为什么新的文化运动，如媒体行动主义，强调在构建欲望领域的过程中采取有效行动的必要性。

界限、他异性、重组

我们可以将他者视为一种界限，或者我们可以从（共）情的角度来理解它。

《反俄狄浦斯》（*Anti-Oedipus*）提醒我们："我即他者。"这表明他者问题不能仅仅从社会层面（即个体与周围个体的关系）来探讨。他异性是冲动的、幻影一样的想象流，它置换并改变了主体性的存在。他异性是富有生产性的无意识。无意识生产的是与世界有复杂关系的独特存在。

然而，界限问题并没有出现在德勒兹和加塔利的作品中。

在黑格尔的话语体系中，界限被理解为"异化"：他者是自我的界限，是自我的缩减与贫乏。在辩证法的语境中，异化指的是主体在与他者的关系中所受到的限制，或是将他者感知为一种限制。黑格尔的辩证法认为，历史进程肩负着克服界限、实现总体化的任务与可能性，在此总体化中，他者最终被消弭。但对我们而言，界限并非潜力的削弱。与他者的关系构成了心理动态与社会动态的基础。这种关系以不稳定的形式结构化，且其成因会随着历史变迁而改变。我们需要理解与分析的是，在我们超越现代性的过程中，这种关系发生了怎样的变化。

我们已然看到，工人主义（构成主义）对辩证法的批判摒弃了异化概念，转而支持积极疏离的理念。在工人主义和构成主义的理论框架下，他异性确实被视为一种界限，但同时也是自我力量得以扩展的条件。界限是某种潜力得以施展的条件：这正是重组进程的意义所在。社会重组是一个过程，通过这一过程，与"他者"的关系在语言、情感和政治层面得到阐释，进而转化为有意识的集体、自治集合、融合中的群体，其反抗行为具有建设性。从意识到他者是现有有机体之界限这一观点出发，意大利构成主义工人主义断言这一界限并非意味着损失或匮乏：相反，它开启了基于冲突的集体经验的可能性。界限（无法简化为任何历史综合）是无法穷尽的：这也意味着享受他者（他者既是界限又是延伸）所带来的愉悦感，同样无法穷尽。

如此一来，一旦摒弃了辩证唯物主义和历史主义的范畴，人们便开始意识到，社会变革的科学更接近于气体化学，而非社会学力学。这里没有紧凑的势力，没有推动明确的意志的统一主体。事实上，根本不存在意志：只有想象力的流动、集体情绪的压抑、顿悟的瞬间。

存在一些能够连接流动的抽象装置：阀门、水龙头、混合器，它们可以切断、搅拌和组合流动与事件。

没有主体与其他主体相对立，只有想象、技术、欲望的横向流动：它们可以催生愿景或遮蔽真相，引发集体幸福或抑郁，创造财富或带来苦难。

另一方面，历史进程并非一个同质的领域（在那里，同质主体性相互对立，或存在清晰可辨的方案相互冲突）。相反，它是一个异质性的生成过程，其中不同部分在发挥作用：技术自动化、恐慌性精神障碍、国际金融循环，以及身份认同或竞争性的执念。这些异质性部分既非简单相加，也非相互对立：它们形成了一种加塔利称之为"机器性装配"（machinic arrangements）的连缀关系。

在西方思想已知历史的开端，德谟克利特提出了一种"构成主义"的哲学观点。不存在对象，不存在实体，也不存在个体：只有聚合体、临时的原子组合、人类肉眼所感知的稳定形态，但实际上这些形态是突变的、转瞬即逝的、支离破碎的、难以定义的。

> 在德谟克利特眼中，存在是由不可见的微小粒子组成的无限多样性。它们在真空中移动。它们接触时，并不是形成一个统一体，而是通过这些相遇、结合，产生了新生；而当它们分离时，则产生了毁灭。[1]

无论是现代化学的历史，还是最新的认知理论，都证实了这一假说。

每个物体的形状，都是由眼睛和大脑投射出的形状。

所谓一个人的存在，就是一种关系性生成的暂时定格，在这种关系性生成中，一个人定义自身，无论是短暂一刻，还是终其一生，他都始终在与一个无法估量的东西周旋。

在西方思想史的末期（恰是其开始自我超越的节点），德勒兹和加塔利开辟了一条通往我们可以称之为"分子创造力主义"的新哲学的道路。在他们的哲学景观中，"无器官身体"这一意象扮演着重要角色。

让我们从构成主义的角度来审视"无器官身体"的概念。

"无器官身体"是万物与众人之间相互交织的过程，是复合身体之间无休止的分子流动。

它是一朵兰花，却同时作为狒狒、蜜蜂、岩石和云朵而存在。

"这不是一种'生成'，"加塔利说，"而是多重'生成'。"

"无器官身体"是无时间的、延伸的物质，它在多重"生成"中变得具有时间性，通过混沌的创造暂时变得独特，从混沌中涌现，以赋予陈述、集体意向性、运动、范式和世界以形状。

加塔利的"混沌互渗"(chaosmosis)概念,描述了这种在混沌中涌现的意义的串联:

> 我是一个他者,是无数的他者,体现在部分表述的组成部分的交叉口上,而这些组成部分从各个方面溢出个体化的同一性和有组织的身体。混沌互渗的光标不断地振动于这些多样的表述发生源之间,不是为了在超验的自我之中使它们总体化、综合化,而是为了不顾一切地创造它们的世界。[2] 1

地球上的事件,像不可捉摸的暴风雨与难以理解的云朵,一样出现。晚期现代性的历史看起来像一片混沌,其进化路径无法预测。但什么是混沌?混沌是一种世界的形式,它太复杂,无法被人类可用的有限范畴来把握。

为了理解极其复杂的现象,甚至更复杂的类

1　混沌互渗,皮埃尔-菲利克斯·加塔利著,董树宝译,南京大学出版社,2020年版,第92页。

别,需要更灵敏的传感器,解释那些看起来偶然的过程。现在需要一个更高级的算法。德勒兹和加塔利会说,需要引入混沌互渗的概念,因为混沌互渗指的是从看似混沌的概念、形式和范式秩序中浮现的过程。

> 一个概念是一组不可分割的变体(衍变形式),是在内在性平面上生成或建构起来的,只要该平面横贯混沌的变异性并赋予其连贯性(现实性),一个概念便由此产生。因此,概念堪称一种卓越的混沌状态;它回溯至一种被赋予连贯性的混沌,这种混沌已然成为思想,成为心智的混沌互渗。[3]

意大利自治理论(构成主义工人主义)与法国欲望理论(分子创造主义)的相遇并非因政治与个人经历的变动而偶然促成的。在某个时刻,在社会斗争的中间,自治运动必然要使用精神分裂分析的概念,分析社会想象形成的过程。

同样,在精神分析实践中,加塔利不得不使

用社会批判的概念，分析心理发生的过程，正如加塔利在其《精神分析与横贯性》中解释的那样。该书以《为俄狄浦斯掘墓：精神分析与横贯性》为书名，在意大利出版。[4]

自治理论与精神分裂分析的方法在构成主义方法上趋于一致：二者均拒绝任何既定的主体优先性，而是探寻那些不稳定、多变、临时、独特的聚合体（亦即主体性）的横贯成型的过程，深入这些聚合体的分子维度。主体性并不预先存在于自身生产的过程中。为了解释社会重构的过程，我们需要引用欲望、机器无意识和精神分裂分析的概念。

如何解释在某个十年间，全世界的工人开始唱同一首歌？这是一个复杂现象的可见表现，就像海洋上空的风暴的形成一样。为了理解 20 世纪 60 年代西方人体验到的整个神经植物系统的肌肉松弛，我们需要理解使之成为可能的东西：物质、倦怠、期望和感觉。社会起义是一个极其复杂的建制的表现，心理、想象和物质之流进入其中，构建日常经验。

抑郁和混沌互渗

我们还需要解释这是如何发生的:在某个时刻,悲伤占了上风,脆弱的集体幸福建筑崩溃了。

在模糊我们的千年终结的迷雾瘴气中,对主体性的质疑从今以后作为中心主题重新回来了。它不再是像空气或水一样的自然给予物。我们该如何生产它,俘获它,丰富它,永久地重新创造它,以便使它与突变的价值世界协调一致?为了它的解放,也就是为了使之重新特异化,我们该如何工作?[5] 1

这是加塔利在他最后一本书的最后一页提出的问题。这本书出版于 1992 年,不久,在同年 8 月的一个夜晚,加塔利去世。

---

1 混沌互渗,皮埃尔-菲利克斯·加塔利著,董树宝译,南京大学出版社,2020 年版,第 148 页。

此前,他还与同道友人德勒兹合著了一本名为《什么是哲学?》的书,于1991年出版。

这两本书有许多共同的主题,最重要的共同主题是混沌和老年:我们将看到,这两个主题是深刻联系的。我们可以在《什么是哲学?》的结论中读到:

> 我们只需要一点秩序来保护我们免于陷入混沌。最令人痛苦的,莫过于一个逃离自身的想法,莫过于那些飞走的尚未成形就消失、就被遗忘侵蚀的观念……[6]

因此,"什么是混沌?"这个问题在以下段落中得到了回答:

> 它们是无限的速度,融入了它们穿越的无色无声的虚空,没有本性或思想。[7]

当世界开始旋转得太快,以至于我们的思维无法欣赏其形式和意义时,就出现了混沌。一旦流动太强烈,超出了我们情感的处理能力,就会出现混沌。被这种速度淹没,灵魂倾向于恐慌,精神能量不受控制的颠覆预示着抑郁的失活。

在《什么是哲学?》的序言中,德勒兹和加塔利写道,这本奇妙而动人的书是在深渊边缘写成的,思考老年的时刻已经到来。老年开启了一扇通向混沌互渗智慧的大门,能够以必要的缓慢性处理无限速度的流体。

混沌"混沌化",无限地分解任何一致性:哲学的问题就是建立一致性的层次,而不失去衍生出思考的无限。我们谈论的混沌,既是精神的存在,也是身体的存在。

> 不仅是客观的断裂和解体,还有巨大的疲惫,导致感觉变得模糊,让元素和振动逃逸,越来越难以收缩。老年就是这种疲惫:那时,要么陷入构成平面之外的精神混乱,要么回到现成的观点。[8]

混沌是一个过于复杂的环境,无法通过我们现有的解释方案来解读。在这个环境中,流动的循环太快，以至于灵魂无法处理。主体性，或更确切地说，主体化的过程，不断地以混沌为尺度进行自测。主体性正是在这种与无限速度的持续的关系中构成的，有意识的有机体从中获得创造一个世界和临时秩序的条件，这个条件是可变的和奇异的。但主体性并不支持秩序，因为这会让它瘫痪。混沌是敌人，也是盟友。

> 就好像对抗混沌的斗争，离不开与敌人的亲近。[9]

如何处理流动的无限速度，而不受到恐慌的瓦解效应的影响？概念、艺术形式和友谊是速度的转换器，让我们能够缓慢地处理无限快的事物，不失其无限的复杂性，无须征用意见、交流和冗余的陈词滥调。

主体化的过程，创造了符号、艺术、情感和政治的简单串联，通过这些串联，混沌互渗成为可能。例如，艺术创造了能够将现实流的无限速度转化为感性的缓慢节奏的符号装置。德勒兹和加塔利将这些感性的转化器定义为"类混沌"(chaoids)。

> 艺术不是混沌,而是提供视觉或感觉的混沌的组合。因此,艺术是混沌界,正如乔伊斯所说的那样,是被组合而成的混沌——既不是可预料的也不是可预想的混沌。艺术把混沌的可变性转换为类混沌的变种……艺术与混沌斗争,它这样做,是为了使其成为感官的东西。[10]

主体化的过程绝非自然:它在不断变化的社会、经济和媒体条件下发生。

世界的衰败

《混沌互渗》和《什么是哲学?》在20世纪90年代初出版：那是走出20世纪现代性的岁月，代表着幸福共同体解体的时代。它们还见证了一个新生产系统的形成，其中所有团结的建制都消失了：工人阶级社群被技术创新消除，劳动变得不稳定，集体智慧经历了一个服从过程，具有模糊、难以解读的特征。

在那些年，加塔利再次提出主体化的问题。现代性造就了类混沌：政治复杂性的简化者、感性的符号转化器、概念的转换者。在他们年老的时候，我们的两位朋友发现了现代类混沌的消解，感知到混沌的重新浮现。他们自己的老年是否可能与世界的老化有关？

人口统计学证实了这一点：老年是我们星球的命运。人口曲线已经放缓。50年前，人口学家预计地球上将有120亿人口；我们今天知道，我们不会超过90亿大关。除了伊斯兰世界，其他文化地区的出生率都在下降。

与世界的老化相对应的是,我们可以看到,我们的两位混沌制图师正面临意义的消解。

1989年,世界和平突然有了"希望",同样未能料到的是新的战争幽灵。此后的岁月,充满了剧烈的、痛苦的、模糊的变化。里约热内卢峰会(美国总统老布什在会上宣称就美国公民的生活方式进行谈判是不可能的)之后,生态灾难成为众所瞩目的焦点。

在那些年里,加塔利记录了日渐增多的野蛮化迹象、法西斯主义的重新出现,以及资本主义胜利带来的暴力。

概念创造的轨迹正在改变,它在新的方向上破碎、重组,经常失去视野,失去意义和可识别的形式。

抑郁。我们在加塔利的文本中找不到这个字眼。它留在边缘,好像它对于激发他的作品、他的研究和他的存在的创造性能量而言,是不兼容的话题。如果我们仔细阅读德勒兹和加塔利最后一本合著作品的最后一章,他们实际上是在分析抑郁、混乱和黑暗的地平线:混沌的出现。

迭奏美学

《混沌互渗》是加塔利留给我们继续思考的一个起点，思考如何创造一个特殊的世界（秩序），也就是说，思考一种不断重构自身的欲望的能量。它在超越抑郁，超越抑郁黑暗的（也是启发性的）经验。

抑郁中有一个真理。事实上，正如前面所引，"就好像对抗混沌的斗争，离不开与敌人的亲近"。抑郁是代表意义缺失的深渊的幻象。诗歌和概念创造力，就像政治创造力一样，是混沌互渗创造的方式，是在意义缺失之上建造桥梁。友谊使桥梁的存在成为可能：友谊、爱情、分享和反抗。《混沌互渗》是一本试图通过秩序和创造性的桥梁穿越混沌的书，这些桥梁也就是（美学、哲学、精神分裂分析、政治）实践，可以使混沌的奇异化成为可能，也就是说，隔离出一条特定的桥梁，跨越无尽且无限速度的事物之流。

> 无限速度以有限速度膨胀,将潜在转换为可能,将可逆转转换为不可逆转,将延宕转换为差异。[11] 1

哲学是概念的创造,概念是能够隔离出奇异世界的类混沌,是投射性主体化的模式。艺术则是通过形式、手势和环境的创造,将混沌的奇异组合转化为交流、视觉和投影空间中的具体存在。

加塔利的"美学范式"指的是感性,在当下获得的特权地位。此时,生产和交流关系失去了它们的物质性,在感性投影的空间中描绘出它们的轨迹。通过美学这门学科,有机体和它的环境变得协调。调音过程被信息圈的刺激加速,被符号膨胀(每一个注意力和意识的空间都饱和)干扰。艺术记录并标记了这种干扰,但同时寻找新的可能的生成模式,美学似乎同时也是对心理圈污染的诊断和针对有机体与其世界之间关系的疗法。

---

1 混沌互渗,皮埃尔-菲利克斯·加塔利著,董树宝译,南京大学出版社,2020年版,第124页。

加塔利在美学和心理治疗维度之间建立了一种特权关系。混沌速度与生活时间的奇异性之间的关系成为决定性的问题。为了把握时间流，心灵需要构建自己的时间性：这些奇异的时间性是迭奏，使定位成为可能。迭奏的概念带我们进入精神分裂分析视角的核心：迭奏是奇异的时间性，是个性化自我的契机，在那里创造世界成为可能。

哲学、艺术和精神分裂分析，是奇异的混沌互渗式创造的实践，也就是说，它们允许构成存在地图的配置从无限流动中浮现，如迭奏一样。但这些迭奏可以固化，变成符号、仪式、性、种族和政治的迷恋。

一方面，迭奏保护主体免受信息圈的混沌和像暴风一样席卷他（她）的符号流的影响。因为迭奏的保护，人们可以关注自己的进展，建立自己的符号相关性、情感和分享的空间。另一方面，迭奏可能变成一个笼子、一个僵化的系统，用于解释参考和存在路径，这些路径是强迫性的、重复性的。

精神分裂分析正是在迭奏的这些神经硬化

(neurotic hardening) 点上进行干预。在这里，分析不再被理解为对症状的解释和寻找已存在的神经质固着（neurotic fixation）的潜在意义。分析是创造新的注意力中心，能够产生分叉，使思维从既定轨道脱轨，在强迫性重复的闭环中制造断裂，从而为视野和经验开辟新的可能性。

混沌互渗位于特定的历史维度，即在 20 世纪 90 年代初迷雾和瘴气开始弥漫的历史时期，如今，15 年后，这些迷雾和瘴气似乎已经侵入了大气、信息圈和心理圈的每一个空间。

呼吸变得困难，甚至几乎不可能：事实上，人们窒息了。人们每天都在窒息，窒息的症状沿着日常生活的路径和寰球政治的高速公路迅速传播。

我们的生存机会很少：我们知道。不再有我们可以信任的地图，也不再有我们可以到达的目的地。自从变异成符号资本主义后，资本主义不仅吞噬了不同生命形式的交换价值机器，还吞噬了思想、想象和希望的价值交换机器。资本主义没有替代品。

那么，我们是否应该像德勒兹和加塔利在《什么是哲学?》的引言中做的那样，将老年置于我们话语的中心？老年不再是边缘和罕见的现象。在过去，老年人被认为可以为社群带来宝贵的知识。而现在，衰老正在成为大多数人的境况，人们失去了对未来下注的勇气，因为未来已经成为一个模糊和可怕的维度。

今天，老年正在成为大多数人将面临的普遍社会境况，同时它也成为最能体现人类种族能量衰减这一隐喻的境况。一旦世界变得太快，人们无法根据情感的缓慢节奏对其进行细致的体察与回应，一旦熵增支配着脑细胞，力比多的能量就下降。力比多能量的衰退和熵增是两个意义相同的过程。社会脑正在分解，正如乔纳森·弗兰岑在《纠正》中描述的一样。阿尔茨海默病正成为一个隐喻，预示着一个难以记住事物发生的原因的未来，而新的视频电子的一代人似乎被恐慌的漩涡拖拽，直至陷入抑郁的螺旋。情感的问题与政治融为一体，甚至重新定义伦理视角，我们也无法将其剥离于权力结构之外。在新千年伊始，现代性的终结宣告着我们人文主义遗产的终结。超级资本主义正在从其西方遗产和所谓的"价值观"中解放出来，但这揭示了一个可怕的景象：没有人文主义和启蒙运动的遗产，资本主义是一种纯粹的、无尽的、非人的暴力政权。

在经济和生存都不稳定的境况下，人们不得不劳心劳力。生活时间被工作切割，意识与经历都呈现出分形般的分散状态，生活时间的连贯性被肢解成碎片。精神领域已然沦为噩梦的舞台，人与人之间的关系也褪去了人文主义的温情面纱。对他者身体的共情感知已不再可及；奴役、酷刑和种族灭绝，在共情缺少的条件下，竟成了处理他者问题的常规手段。归属的暴力逻辑取代了现代理性的普适性。对于那些在庞大的信息圈"搅拌机"中逐渐迷失的大脑而言，上帝似乎是救赎的自然之路，然而这不过是惯常的地狱把戏罢了。宗教原教旨主义、对纯净的崇拜，如今与无知和抑郁交织在一起，滋养着种族主义和民族主义。

世界景观以各种方式变得"极端化"：屈服成为个体和群体之间占主导地位的关系形式。当集体维度被剥夺了来自欲望的任何能量,沦为恐惧和必要的骨架时,个体对群体的依恋就变得具有强迫性和强制性。于是,从众成为没有欲望或自主性的灵魂的最后避难所。

伦理与情感

在这一小节中，需要重新思考伦理意识的概念。伦理意识不能像在现代时期一样建立在理性和意志的二元性上。理性主义的根源已经被永远抹去，理性主义不能成为我们必须构想的寰球人道主义的主要方向。

如今，伦理问题被视作一个关乎灵魂的问题，也就是说，关乎赋予身体活力、使其能够对他者产生共情的那份感性。我们所谈论的化学与语言层面的灵魂，正是身体得以重新整合的领域。

一种新的人道主义概念必须建立在美学范式上，因为它必须在情感中扎根。现代伦理的崩溃需要解释为普遍的认知障碍，解释为社会心理圈中共情的瘫痪。媒体圈的加速、意识与身体经验的分离、数字领域中公共空间的非爱欲化，以及竞争原则在社会生活每一个片段中的蔓延：这些都是社会行动中扩散的非共情、心理圈中扩散的循环性精神病、交替的恐慌及抑郁浪潮的原因。美学范式需要被视为精神分析的基础,作为灵魂的生态疗法。

我知道加塔利和德勒兹没有使用我在这里使用的略带末日论调的语气,但我也没有发誓永远忠于我的两位大师。今天,欲望的修辞——《反俄狄浦斯》的作者们带给希望运动的最重要和最有创造性的贡献——对我来说,似乎已经耗尽,正在等待一个能够更新它的维度和运动。在他们最后两部作品中,特别是在《混沌互渗》中,欲望的修辞即使没有被压制,似乎也已经被削弱了。取而代之的是,存在经验和历史视域中意识的熵感,是衰老和死亡的意识。这正是我们今天需要的:一种不会令人沮丧的抑郁意识。

艺术作为类混沌

在符号资本内部，价值生产往往与符号生产相重合。在经济竞争的压力下，加速且不断增殖的符号生产最终像病原体一样运作，阻塞了集体心理，而集体心理正逐渐沦为被剥削的首要对象。

精神异化不再如工业时代那般仅是一个隐喻，而是已然成为一种具体的病症诊断。"精神变态"一词可用来指代经济领域中注意力动员所产生的影响。一旦将从历史主义问题领域中抽象出来的这一因素纳入考量，"异化"一词便被那些能够衡量剥削对认知活动影响的词所取代，诸如恐慌、焦虑、抑郁等。精神病理学词汇体系由此成了一种诊断工具，用以识别并界定各地社会心理所遭受的种种精神扰动。

情感被直接投资：这就是为什么在他最后一部作品《混沌互渗》中，加塔利将美学范式置于他治疗和政治视角的核心。

他使用的"美学"一词，指的是两个不同的问题：情感，以及想象机器、大众神话和媒体投射对其的模型化（modeling）。他还提到了艺术创造：迭奏和特殊感知调节的生产，它们不断在运行，不断自我更新。这就是为什么符号、动作和语言的可能（非排他性）的治疗功能建立在美学领域。

在这个领域，我们可以理解疾病——想象机器中精神病原菌的孕育，也可以理解治疗行动的视角。

加塔利说艺术是类混沌，一个暂时的混沌组织者，一个脆弱的共享幸福和共同想象地图的缔造者。

艺术是生产迭奏的过程，是创造调谐的节奏。

加塔利使用的"迭奏"一词指的是节奏仪式，是临时和奇异的投射结构，使和谐（或不和谐）成为可能。这种和谐（或不和谐）塑造了欲望领域。

因此，欲望生产和决定的结构不是永恒的，它们不是先于奇异想象的模式：它们是欲望的临时实现,是让共享旅程的人能够辨别他们的方向和意义的地图。他们穿越的地域并不预先存在任何欲望地图。相反,正是地图分泌地域:欲望地图生产了我们旅行的道路。

欲望就是创造中心,这些中心吸引集体力比多能量,它们是无意识的极化(polarization),是根据某种模式构建周围物体的磁力。

"艺术是类混沌",这意味着艺术构建了能够暂时模拟混乱的装置。

> 艺术把混沌的可变性转换为类混沌的变种……艺术与混沌斗争,它这样做,是为了使其成为感官的东西。[12]

在他生命的最后几年,当艺术与疗愈充分展现出二者实为同一事物,且激进的存在方式也印证了这一点时,加塔利就用以下的话总结了他的立场:

> 我的视角涉及将人类和社会科学研究从科学范式转向伦理美学范式。问题不再是确

定弗洛伊德无意识或拉康无意识是否为心理问题提供了科学答案。从现在开始，这些模型只不过在其他模型中间以主体性生产的名义被考虑，其他模型既与促进它们发展的技术和建制的装置密不可分，又与对精神病学、大学教学或大众媒介的影响密不可分……精神分析治疗使我们面对大量的制图术。[13]

精神分裂分析、治疗和艺术

弗洛伊德和拉康的理论,像任何其他关于灵魂的神话一样,按其本性来看,其实就是自我想象的创造,无意识中的探索项目,在叙述无意识的同时,创造自己的领地。然而,精神分裂分析做的事情却是:用逃脱计划和可能的存在模式的激增取代了解释;用创造性的激增取代了解释性的简化。

治疗过程不能被理解为将偏离的心理还原至社会认可的语言和心理行为规范(正如家族化精神分析或规范化精神分析)。相反,须将之理解为创造心理核心的过程,这些心理核心能够将某种精神地图变成一个宜居的空间,一种自我的幸福奇异化。这就是精神分裂分析的任务:跟随妄想,使其变得连贯,能够与自我和他者建立友谊;溶解固定身份的血栓,使迭奏变得灵活;连接迭奏,重新打开个体漂移与世界游戏之间的交流渠道。

治疗需要被理解为一种类似于艺术的类混沌。

分析不再是根据预先存在的潜伏的内容对诸症状进行移情的解释,而是发明能够使存在进行分岔的、新的催化的发生源。奇异性,意义的断裂,符号内容的切割、破碎、分离——以达达主义或超现实主义的方式——能够导致主体化的突变的发生源。[14] 1

因此,治疗问题可以被描述为溶解灵魂的强迫性凝块,形成欲求中心。这些欲求中心能够决定行动的非地域化,转移心理焦点,确定集体主体化的条件。

名为异化的被动疏离,痛苦的自我疏离,必须被颠覆,从而变成一种狂热的、创造性的、重新聚焦的疏离。

对加塔利来说,精神痛苦可能与强迫性聚焦的问题有关。

---

1 混沌互渗,皮埃尔-菲利克斯·加塔利著,董树宝译,南京大学出版社,2020年版,第22页。

无限的欲求能量，通过强迫性重复而释放，在这重复投资中耗尽自己。精神分裂分析采用的治疗方法是创造新的聚焦点和转移注意力。这种治疗行为的创造性，在于能够找到一种逃脱的方式：一种能够促使人们偏离强迫的精神分裂症病毒。

再次，治疗展示了它与艺术创造的亲缘关系。

如果欲望不依赖于结构，那么它更不必被视为一种自然现象，一种真实或本能的表现。对加塔利和德勒兹理论的一种天真解读是：欲望是一种原始的动力，我们需要回归它，才能找到反抗和自主的能量。这是一种简化的误读。

欲望根本不是自然的东西。社会欲望（塑造、侵入和重构集体生活的结构）是由文化形成的。正是符号环境塑造了欲望，欲望如同符号云，围绕住身体，标注出空间，投射出幽灵。如果我们考虑到广告在当代欲望生产中的功能，我们很容易意识到欲望不过是一个污染的战场。

政治交流本质上也作用于欲望流，重新指引

集体欲望能量的投资：自 20 世纪 80 年代起发生的政治战线的惊人颠覆，以及资本主义攻势在多年的社会自治和工人斗争之后的胜利，只能解释为集体欲望投资的非凡转变的结果。

私有化、竞争、个人主义，这些不是集体欲望投资灾难性颠覆的后果吗？团结的丧失剥夺了工人的政治力量，为不稳定劳动的过度剥削创造了条件，使劳动力沦为被无形奴役的境况：这难道不是幻想性破坏和颠覆集体欲望的效果吗？

经历了符号资本主义长久的绝对统治（即经济法则塑造集体想象）之后，社会无意识中形成了获取性和竞争性的强迫性内核。社会无意识中流转的迭奏变得僵化、拥堵、好斗和恐惧。

政治行动首先需要被视为社会欲望投资的转变。社会想象中分层的强迫性内核产生出病理：恐慌、抑郁和注意力障碍。这些凝块需要溶解、规避、脱域。

对于符号资本主义的绝对统治，没有政治抵抗的可能，因为符号资本主义的基础不是外部的东西，既不是国家的军事暴力，也不是公司的经济虐待：它们被纳入了普遍进入集体无意识的病理性迭奏中。

因此，政治行动必须按照类似于治疗干预的模式进行。政治行动和治疗都需要从欲望的强迫性发生地开始。它们的任务是重新聚焦我们的注意力，关注非地域化的吸引点，以便新的欲望投资成为可能，这些投资将独立于竞争、获取、占有和积累。

债务、时间、财富

后现代资本主义的统治，以将财富视为累积性占有的这一持续盛行的观念为基石。一种特定的财富观念控制了集体意识，它重视积累，不断推迟愉快享受。但是这种财富观念（为这门悲伤的经济学特有）将生命转变为匮乏、需求和依赖。我们需要另一种财富观念与之对垒：将财富视为时间——享受、旅行、学习和做爱的时间。

经济屈从，制造了需求和匮乏，使我们产生依时性（time dependent），将我们的生活转变为毫无意义地奔向虚无。债务是这个反复出现的观念的基础。

2006 年，美国出版了一本书《债务一代：为什么现在是年轻人最糟糕的时代》（*Generation Debt: Why Now Is a Terrible Time to Be Young*）。作者安雅·卡梅内茨（Anya Kamenetz）思考的一个问题，最终在 2007 年成为我们集体关注的焦点。但长期以来，债务这个问题，对资本主义来说至关重要。

卡梅内茨的分析特别提到，年轻人为了学习而贷款。对他们来说，债务就像一条象征性的锁链，其效果比过去奴隶制中使用的真正金属锁链更强大。

这个新的征服模式经历了一个周期：捕获、幻觉、心理屈服、金融陷阱，最后只剩工作义务。

想象这样一个美国中产阶级青少年：他为了获得进入就业市场的专业能力，从而打算接受大学教育。这个可怜的年轻人相信新自由主义的童话，真心相信通过认真学习和工作，他就有机会拥有一个有保障的幸福人生。

但是，他如何支付每年数千美元的学费，加上在远离家乡的城市的食宿费用？如果不是生在高级金融窃贼之家，唯一的办法就是向银行贷款。浮士德一天晚上在回家的路上，遇到了一条跟随他进屋的小狗，最后那条小狗露出了魔鬼梅菲斯特的真面目；而这个年轻人遇到了一位为银行工作的金融人士，银行同意给他一笔贷款。一旦你签字，你的灵魂就属于我了，梅菲斯特说，永远属于我。年轻人签了贷款协议，上了大学，毕业了。之后，他的人生就属于银行了。他必须在毕业后立即工作，以偿还那笔无止境的债务，特别是在浮动利率下借贷，随着时间的推移，还贷的成本越来越高。他将不得不接受任何工作条件、任何剥削、任何羞辱，以支付如影随形的债务。

债务就是强加于集体心灵的强迫性迭奏的产物。因为财富的幽灵，迭奏强加心理痛苦，摧毁时间，将其转化为经济价值。我们需要的美学治疗——这种美学治疗将成为未来时代的政治——在于创造消散的迭奏，能够照亮另一种财富的观念，即将财富理解为享乐和享受的时间。

始于 2007 年夏天的危机，开启了一个新场景：将社会关系视为"债务"的观念正在崩溃。

未来的反资本主义运动不会是穷人的运动，而是富人的运动。未来的真正富人将是那些人，他们成功创造了自主的消费形式、需求减少的心理模式、共享必不可少的资源的居住模式。这就需要创造消散的财富迭奏或者节俭、禁欲的财富。

在符号资本主义的虚拟化模式中,债务充当了投资的一般框架,但它也成为欲望的牢笼,将欲望转变为匮乏、需求和依赖,并终生背负。

找到摆脱这种依赖的方法是一项政治任务,但实现它不是政治家的任务。这是艺术的任务,调节和引导欲望,混合力比多流。这也是治疗的任务,治疗被视为注意力的重新聚焦和欲求能量投资的转移。

欲望与仿真：文德斯在东京

1983年，维姆·文德斯来到东京，他想拍摄一部纪录片，向1962年去世的电影大师小津安二郎致敬。

他像用笔记本一样使用他的相机，记录下他的印象、冥想和情感，以黑白色调讲述，就像一本老式的日记，记录他对超级现代日本的发现。

文德斯这部电影名为《寻找小津》，许多人认为这不是他的重要电影。错了，恰恰相反，从任何角度来看，它都是一部极其重要的电影。从这位德国导演个人发展的角度看，《寻找小津》标志着他从20世纪70年代作品中的梦幻、缓慢和怀旧的叙述风格（《爱丽丝城市漫游记》《公路之王》）过渡到对电子技术既矛盾又着迷的运用（如他令人困惑却才华横溢的电影《直到世界尽头》）。

他与小津电影的关系，成为一个滤光器。文德斯借助这个滤光器，试图理解正在进行的突变。

这种突变引导着日本社会（实际上也是全球社会）超越人道主义的工业现代性，走向一个尚未命名但已经呈现出后人道主义，甚至可能是后人类面貌的维度。

小津安二郎将技术视为一种支持，一种人类凝视和感官体验的延伸和可能性，作为情感和观念投射的力量。他的相机以这种方式定位，提升了人的维度的中心性：所有这些都发生在战前日本，那里与传统的连续性尚未中断。

在文德斯记录的无法定义的超现代领域中（他就像在勾勒一幅地图），我们见证了人类智能与技术之间的关系、人类凝视与其电子假体之间的关系的颠覆。人类智能逐渐（或突然）成为相互连接的全球脑的一部分，人类的眼睛成为视频网状全景监狱的内在功能。从哲学角度来看，《寻找小津》是一个非同寻常的清晰总结，非常清楚地意识到了仿真技术引起的现实的溶解。仿真成为后文学词汇中的中心词，始于20世纪80年代。当时，微电子技术在每个通信领域和世界生产中传播。

仿真生产空虚，一个真正的洞，感觉的可触感消失，取而代之的是感觉虚拟性。所有这些在文德斯的《寻找小津》(1983) 中已经出现。

文德斯将日本描述为一个发生了人工突变的社会：生活不过是一种仿真效果。物体和食物被仿真，社会关系本身也被仿真。文德斯带我们参观了一个人造食品工厂，那里的梨、苹果、肉和热带水果都使用合成材料完美复制，以模拟真实食物，摆放在大都市餐馆的橱窗里。文德斯对这种平庸复制的惊讶，赋予了这部电影一种悲怆的基调、一种隐约的乡土和怀旧之情：食物消失，被蜡或塑料取代，引发了对一个食物真实的世界的怀旧记忆。我们可以感知到，从这些表面上微不足道的信号开始，世界已经开始消失。

在一个巨大体育场的球台上，穿着白色球服的孤独球手用他们的高尔夫球杆击打一个小小的白色高尔夫球：小球在空中划过一条长长的抛物线，直到最后落地，与成千上万的其他小球混合在一起。无数的孤立个体没有意识到彼此的存在，正如无数的白色高尔夫小球没有意识到彼此的存在。然后，文德斯带我们进入狭长的场所，那里大大小小的男人都在弹珠机，在赌博机前沉默不语。他们从不交谈，也不对视，他们都专注于拉动一个杠杆，让小金属球在玻璃板后面移动。

在记录日本之行印象的《符号帝国》一书中，罗兰·巴特这样描述弹珠机：

> 弹珠机是一种老虎机。在柜台上，你购买一堆看起来像滚珠的小金属球；然后，在机器（一种垂直面板）前，用一只手将每个金属小球塞进一个洞，同时用另一只手转动一个翻转器，将小球推进一系列障碍；如果你最初的发射恰到好处……推进的小球会释放出更多的小球，像下雨一样，它们落入你的手中，你只需要重新开始——除非你选择用你赢得的东西兑换一个荒谬的奖品……

> 弹珠机是一种集体而孤独的游戏。机器排成一列列长队；每个玩家站在他的面板前独自玩游戏，不看他身边的玩家，尽管他的肘部会碰到身边的玩家。你只听到球在它们

的通道中呼呼作响……游戏厅像一个蜂巢或工厂——玩家们似乎在流水线上工作。[15]

文德斯将弹珠机的大规模流行与战后时期减轻心理压力的必要性联系起来，将集体灵魂从必须遗忘、抹去和消除的可怕过去的萦回中解放出来。同时，正如罗兰·巴特所写，弹珠机揭示了这样一个社会，其中人们完全个性化、隔绝、孤独，化约为生产时间的空洞容器，被剥夺了记忆和任何形式的英雄精神，只剩沉默的生产力。

正是从电影史的内部，文德斯试图勾勒出这个变异阶段的地图，以及人类即将经历的超现代（和后人类）阶段。人类参与了这一演变，既是观众又是演员，但最终更多只是观众。

文德斯后来采访了两位与伟大的小津安二郎合作过的人。

厚田雄春是一直与小津安二郎导演合作的摄影师。在一组感人的镜头中，他展示了过去几十年合作过程中练就的摄影技术。他最后透露，自从小津安二郎 20 年前去世后，他再也没有与其他人合作过：他没有背叛或转向其他技术、其他感觉形式。

不同的是，在小津安二郎的所有电影中都出演过的笠智众，却继续从事演艺工作。然而，他悲哀地承认，人们在街上拦住他，要求他签名，肯定不是因为他演过《东京物语》，而是因为他现在拍饼干或牙膏的商业广告。

在笠智众的陪同下，文德斯拜谒了小津安二郎的坟墓。当摄像机拍摄着小津安息地的黑色墓石时，文德斯说出了这些话，在我看来，它们最好地介绍了对当前后人道主义、符号资本主义的超现代性的沉思：

看，虚空，现在是它在统治。

这不是禅宗说的虚空，或者至少不仅仅是。文德斯说："现在。"

虚空现在在统治。在他关于小津安二郎的怀旧（天堂般的怀旧）电影中，文德斯想谈论的是现在的实际性。

我们正在进入虚空的文明——这是我对文德斯访问东京的解读：那座城市曾经是小津的，现在属于仿真的巨匠造物主。

《寻找小津》是在 1983 年拍摄的。新自由主义经济转向对社会文化的深刻影响正日渐明显：就像尼克松 12 年前引发的革命一样，当时他决定将美元与黄金脱钩，放弃了固定汇率制，金融世界陷入了不确定性。新自由主义通过强加金融周期对经济和社会关系的霸权，将现实不确定的、偶然的本质带入了生活的每一个角落。

符号与指称之间的关系消失了：用经济术语来说，金融符号与物质指称（实际生产，黄金作为金融估值的尺度）之间的关系消失了。

欲望与仿真：鲍德里亚在美国

微电子技术使电路的微型化成为可能，引发了我们在20世纪90年代已经充分看到其效果的微电子革命。远程信息技术，这项将移动电话和信息技术结合在一起的新兴科学，是西蒙·诺拉和阿兰·明克在1978年就专门用一本非常重要的书《社会的计算机化》（*Computerization of Society*）来研究的革命性技术，它为互联网的勃兴做好了准备。

1983年，鲍德里亚撰写了一篇题为《交流的狂喜》的文章，收入哈尔·福斯特编辑、贝伊出版社出版的《反美学：后现代主义论文集》。

> 不再有物体的系统。我的第一本书包含了对物体作为显而易见的事实、物质、现实、使用价值的批评。在那里，物体被视为符号，但作为仍然充满意义的符号。[16]

在旧世界中，符号被理解为意义的承载者，符号和意义之间的关系，由指称的外部和客观存在保证。但是，一旦我们进入普遍不确定性的领域，这种指称逻辑就被抛弃了。美元的价值在去除黄金参照后由什么保证？商品的价值在无法再测量必要的社会劳动时间后由什么保证？非物质技术将生产商品所需的劳动时间转变为偶然时间。一旦所有符号超越了它们的代码，一旦代码的幻景成为幻景的代码，符号的意义由什么保证？只有武力才能保证货币符号的意义，美国霸权的专制行使证明了这一点。放松管制并不意味着社会摆脱了所有规则，一点也不：这实际上是将货币规则强加于人类行动的所有领域。货币规则实际上是基于权力、暴力和军事霸凌的关系的标志。

在那些年里，现实的场景被抛弃了，转而进入了仿真的场景。电影不属于这一阶段。电影属于再现和表达的阶段，而不是仿真的阶段。在摄像机前有（或者说曾经有）一个真实的物体、一个真实的人：摄像机记录了那些光、身体、可见的材料,将它们全部复制到胶片上。以这种方式创造了条件,使导演能够在纯粹的德勒兹和斯宾诺莎的意义上表达自己:在语言创造的众多无限世界中赋予其中一个以生命。

当我们从模拟胶片转向合成图像的创造时,我们进入了拟像的领域。合成图像确实可以定义为一个拟像,因为它不预设任何真实的物体、任何物质的光或原型,而只是数字(非)物质的内在照明。仿真是消除引发一连串无基础的无限符号复制的指称的过程。

> 仿真正是这种不可抗拒的展开,这种事物的序列化,仿佛它们具有意义,而实际上它们只受人工蒙太奇和无意义的支配。[17]

数字复制将语言的仿真能力发挥到极致。数字技术使得符号的无限复制过程成为可能。符号变成了一种病毒,蚕食其指称的现实。很快,这种符号的去符号化复制过程产生了鲍德里亚所说的现实荒漠的效果。

有关整体的信息包含在它的每个元素中，在这个意义上，美国是一个巨大的全息图。取沙漠中最小的一块地方，中西部小镇的任何一条老街，一个停车场，一座加利福尼亚房子，一家汉堡王或一辆斯图贝克轿车，你就拥有了整个美国——包括美国的南北东西。[18]

仿真的概念在哲学话语中引入了一种新的视角，这个新视角可以定义为消失。一旦从字母序列的领域中减去，投射到视频电子复制的领域，符号就会无休止地激增，创造出第二现实——一个合成领域，最终吞噬第一世界、身体和自然。

鲍德里亚眼中的美国，与德勒兹和加塔利看到的美国截然不同。那是一个灭绝之地，虚构和防腐的现实尸体取代了生命。那不是一个拥有无限能量、产生精神分裂符号、永远重新激活的国家。

欢迎来到现实的荒漠。

鲍德里亚提及精神分裂的方式，也与加塔利

在其创造力颂歌中通过精神分裂分析描述的方式截然不同。鲍德里亚并没有将精神分裂与创造性激增联系起来,而是将其与恐怖联系在一起。

我说到这一点,不是想判定谁对谁错:究竟是宣称创造性精神分裂力量的少数欲望群体,还是孤独的、入迷的、在不再存在的现实的寂静沙漠中拍摄照片的旅行者?

关键不在于谁对谁错。但是,有必要用不仅能够描述,而且能够转变它们的概念来追溯上个世纪末发生的过程。我的意思是:改变奇异性与世界投影之间的关系,而不是改变世界。

鲍德里亚与福柯之争

在 20 世纪 70 年代中期,哲学舞台清除了黑格尔遗产。异化的概念遭抛弃,因为社会实践中的异化已变成疏离。生产日程的重复性,已变成对工作的拒绝和破坏,流水线上个体的孤独已变成颠覆性社群和集体组织。在 70 年代,身体反抗忘记了它们的灵魂:身体重新夺回了自己的空间。

1977 年博洛尼亚街头的一条女性主义标语:"灵魂是身体的监狱。"那时,所有的思想和期望都被写下,都在尖叫和暴露。

在那些年里,主体性的问题,在新的光芒下出现:不再有任何主体负责实现历史的真理,只有与其他独特个体相遇的个体。历史(或叙事)的代理人,从结构中解放出来,不再有蓝图要遵循,也不再需要按照既定的剧本行事。

在 20 世纪 70 年代中期的法国,出现了一场哲学辩论,涉及由于辩证结构崩溃而留下的悬而未决的问题，特别是主体和权力的形成问题。

这场辩论的一方是鲍德里亚，另一方是福柯和《反俄狄浦斯》的作者德勒兹和加塔利。这场辩论标志着哲学的根本转变。

在德勒兹、加塔利和福柯，以及他们的学生（包括在下）这边，一直有某种抵制情绪，不愿与鲍德里亚争论，好像这是最容易避免的巴黎知识界的小争执之一。

现在，30年后，我认为理解那场辩论的意义是很重要的，因为今天我们可能会在其中发现可用于寻找新的综合的元素。那场争论的对象是什么？

在出版了他最重要的作品《象征交换与死亡》（1977）之后，鲍德里亚同年还出版了一本名为《忘记福柯》的小册子。这是对福柯构建的权力理论的攻击，但鲍德里亚真正的目的是批评欲望的概念，以及德勒兹和加塔利的分子理论。

《忘记福柯》以对《规训与惩罚》的解释开始。鲍德里亚不同意福柯在那本书中的基本论点，不同意福柯将现代权力谱系作为对身体的压抑性规训的整个分析。

> 关于这本书的中心论点,我们可以有许多话说:性从未被压抑过,恰恰相反,存在的是一种禁止谈论或公开表达性的禁令,以及一种迫使人们去忏悔、去表达、去制造性的冲动。压抑只是一个陷阱、一个借口,用以掩盖将整个文化都归结于性这一事实。[19]

鲍德里亚的观点没有遭到福柯的直接反驳,但我认为,无论是直接还是间接、明确还是隐含,福柯后来发展他的理论时考虑了鲍德里亚的观点。也许鲍德里亚的反对意见里有一些真实的东西,但误解了"欲望"理论的本质教训。鲍德里亚攻击福柯的权力谱系论,是为了对所有那些年的理论提出批判。那些理论从力比多经济和欲望表达中发展出了一种社会话语。因此他写道:

> 我们只能对这种新版本的权力,与德勒兹和利奥塔提出的新版本的欲望之间的巧合感到惊讶。但是,我们在那里发现的不是匮

乏或禁令，而是流体和强度的部署与积极的传播……（权力的）微欲望和（欲望的）微政治，在力比多的机械界限内真正地融合：我们要做的就是微型化。[20]

鲍德里亚对欲望理论的批判，是否有任何含混之处？是的，可能有，鲍德里亚仍然将欲望视为权力；而我们已经认识到，人们需要将欲望理解为一个场域。

然而，这种含混有其原因，因为它实际上刻在了德勒兹和加塔利的作品，以及利奥塔和福柯的作品中。最重要的是，它存在于那些年主导欲望话语的大众文化中，从而形成对晚期现代、晚期工业权力结构的实践批判。

但是今天，我们已经结束了那种权力形式，我们现在已经进入了一个新时代和新维度。资本主义正在变得精神分裂，曾经由欲望驱动的社会表达力的加速发展，已被资本主义机器所吸纳，尤其是在它演变成后机械化的数字机器之后。

从机械到数字的转变，从可复制到仿真的转

变，就是从权力的有限维度到病毒维度的转变。

《反俄狄浦斯》宣扬"加速"作为逃离资本主义时间的手段。"同志们，旧世界在你身后"——我们1968年如此高呼。当资本的速度是流水线、铁路和印刷机的机械速度时，这是真的。但是，当微电子技术为资本提供了仿真的实时绝对速度时，加速就成为过度剥削的领域。

让我们明确地说，这不仅是隐喻性话语。

想想工人的斗争。只要它们发生在工业工厂中，工人交流和行动的加速就使工厂主处于防御地位，并能够击败控制结构。在工厂及其附近的工人中间迅速传播的口号，使这些斗争得以普及。

微电子技术完全颠覆了这种情况：资本拥有了快速去地域化的能力，将生产转移到全球各地，与资本主义全球化的时机相比，工人组织的时机仍然局限于本地且进展缓慢。

鲍德里亚凭借他对绝对速度的直觉，预见了这一趋势，这种速度颠覆了每一种社会交流的形式。正是基于这种直觉，鲍德里亚发展了他在《忘记福柯》（以及其他地方）中宣扬的理论，但他从未收到过任何明确的回复。政治意图和话语效果是不同的：鲍德里亚的意图被欲望理论谴责为劝阻性意图，因为他的理论破坏了期待新的主体化过程的可能性。鲍德里亚则谴责欲望理论是新的网状的资本主义生产方式的一种意识形态功能。

> 对流动性、流动和心理、性或身体事物的加速状态的强迫，正是主宰市场价值的力量的精确复制：资本必须流通；重力和任何固定点必须消失；投资和再投资的锁链永远不能中断；价值必须无限制地在每个方向上辐射。这就是当前价值实现的形式。它是资本的形式，而性作为一个流行语和模型，则是资本在身体层面上的呈现方式。[21]

鲍德里亚的批判并不充分：对权力和主体性形式变化的描述呈现为一种愿望。然而他的话语中确实有一些真实的东西。在欲望理论，以及德勒兹、加塔利和福柯的书籍引发的广泛的思想运动中，如果不理解欲望是一个场域而不是一种力量，就存在一种修辞的危险。

例如，在奈格里和哈特，以及过去10年中许多其他人对"大众"这个术语的空洞使用中，这种危险性是显而易见的。他们口中的大众，似乎是一种无限的积极能量，是一种自由的力量，无论如何都不能屈服于统治。但在1978年，在一本名为《在沉默的大多数的阴影中》的小册子中，鲍德里亚已经破坏了大众概念的颠覆性政治用法，展示了它的另一面，即大众天生的被动性。

> 人们一直认为——这是大众媒体的意识形态——是媒体包围了大众。人们在大众媒体的狂热符号学中寻求操纵的秘密。但在这个天真的传播逻辑中，遭到忽视的是，相比于所有媒体，大众才是更强大的媒介，是大众包围和吸收了媒体——或者至少可以说，两者之间不分轩轾。大众和媒体是一个单一的过程。大众（群众）就是信息。[22]

在自 20 世纪 70 年代以来一直热情阅读德勒兹和加塔利著作的自治运动中,鲍德里亚的立场在政治上被认为是劝阻性的:它似乎描述了一个没有出路、没有反叛希望或可能断裂的情景。然而,这不是真的,现在也不是真的。鲍德里亚确实承认了文明的劝阻功能,其中事件被仿真本身仿真与消除。

> 威慑是一种非常特殊的行动形式:正是威慑,阻止某些事情的发生。它支配了我们整个当代,这个时期不太倾向于制造事件,而是倾向于阻止某些事情的发生,尽管表面上看起来它仍像一个历史事件。[23]

此外,在这一点上,他的理论揭示了一种极端的资源,即灾难的资源;或者更确切地说,是灾难性内爆的资源。

> 大众……既没有等待未来的革命,也没有等待声称要通过"辩证"运动"解放"他们的理论。他们知道没有解放,一个系统只

能将其推向超逻辑，迫使它过度实践，相当于残酷的折旧，才能被废除。"你们要我们消费——好的，且让我们总是更多地消费，消费任何东西，无论是什么，出于任何无用的、荒谬的目的。"[24]

鲍德里亚并不认同 20 世纪 80 年代和 90 年代在整个文化界蔓延的犬儒主义（这种犬儒主义渗透了法国新哲学，以及 1968 年一代人的幻灭后席卷欧洲的顺从的新自由主义），而是提出了灾难的策略。今天，30 年后，在我看来，他完全没错。

对于欲望的概念，鲍德里亚反对消失，或者更确切地说，反对仿真-消失-内爆的锁链。

仿真是创造没有原型的幽灵。一个算法产生无尽的信息链。符号通货膨胀的效应促进了信息乳浊剂对现实领域日渐增长的渐进式殖民。现实像亚马孙雨林或被沙漠吞噬的领土一样消失，直到曾经保证共同体生活连续性的整个背景，最终被这种去现实化效应和有机体的内爆消除。

仿真和力比多

因此,仿真是符号的投射,既不再现,也不记录任何事实,而是依托于身体的幽灵所投射的效果。合成形态发生(synthetic morphogenesis)是这种仿真现象最明显的例子。计算器产生的图像是算法的成果,而不是对预先存在的现实的再现。

合成图像的复制具有病毒性和无限性,因为创建一个新的拟像不需要任何能量或物质的投资。生活经验因此被拟像无处不在的激增侵入。在这里,我们可以看到欲望病理学的起源,一种到达力比多经验核心的癌症。力比多能量被一种寄生型的复制品攻击,正如合成媒体色情制品(synthetic media pornography)的现象显示的那样。在他的《动物精神》(*Animal Spirits*,2009)一书中,马特奥·帕斯奎内利(Matteo Pasquinelli)将这种疾病命名为"力比多寄生虫"。

《反俄狄浦斯》假设了一种观点,即无意识永远不会太多,因为无意识不是一个剧场,而是一个实验室:用斯宾诺莎式的德勒兹的话来说,不是再现,而是表达。

在《斯宾诺莎与表现问题》一书中,德勒兹断言,实际上:

> 只要物质是绝对无限的,那么表达就内在于物质……因此,无限具有一种本质。梅洛-庞蒂详尽阐述了对我们来说最难理解的17世纪哲学的观点:积极的无限作为"大理性主义的秘密"——"从无限开始思考的一种单纯方式",这种观点在斯宾诺莎主义中找到了最完美的表现。[25]

他还断言:

> 上帝的绝对本质是绝对无限的生存和行动力量;但我们只在有条件地无限多的形式上或真正不同的属性上认同这种原始力量与上帝的本质相同。生存和行动的力量因此是绝对的本质。

他甚至断言：

上帝客观地理解和表达自己。[26]

然而，所有这些关于上帝无限力量的讨论并没有告诉我们：关于人类表达能力的任何事情（这种能力不是无限的）。或者说，它只告诉我们关于人类有机体可以支配的心理和物理能量（这种能量也不是无限的）。

力比多能量的有限性，把我们带回作为集体现象的抑郁主题。在社会媒体化经验中，符号加速和拟像激增产生了集体力比多能量的耗竭效应，为恐慌-抑郁的循环铺平了道路。在关于力比多寄生虫的书中，帕斯奎内利就欲望热力学的问题提出了两种不同的假设。一种假说受到热力学第一定律的启发，认为在力比多交换中没有损失，只有能量守恒。另一种假说基于热力学第二定律，认为在任何交换中都有损失：这产生了熵、秩序的丧失和能量的分散。

鲍德里亚将仿真视为一种病毒的无限复制，它吸收了欲望能量，直至耗尽。一种半符号的通货膨胀在我们集体情感的电路中爆炸，产生突变效应，走向病理过程：太多、太快、太混沌的符号。理性的身体加速，破坏了每一种有意识的解码和理性感知的可能性。

这是鲍德里亚针对《反俄狄浦斯》提出的异议。

但这不就是德勒兹和加塔利在他们最后一部作品中最终所说的吗？在他们衰老时写的这本关于老年的书中，他们问哲学是什么，他们回答说哲学是友谊，（用佛教语言来说）是大慈大悲：哲学是与我们一起沿着我们脚下裂开的意义深渊行走的能力。在这最后一本书中，这两位研究精神分裂的哲学家谈论了老年和精神分裂的痛苦，谈论了符号和思想的加速，它们从未被抓住就逃走了。

> 我们只需要一点秩序来保护我们免于陷入混沌。最令人痛苦的，莫过于一个逃离自

身的想法，莫过于那些飞走的尚未成形就消失、就被遗忘侵蚀的观念……[27]

在《忘记福柯》和20世纪70年代中期的其他作品中，鲍德里亚批评了欲望理论和福柯的权力谱系。这些作品发表后，没有人回应他那些看似挑衅或劝阻的异议。然而，鲍德里亚的话语仍然产生了一些影响，我相信在他们的最后一本书中，德勒兹和加塔利发展了他们的思想，只不过隐含了鲍德里亚提出的思考。我不是说他们在没有指名道姓的情况下回应鲍德里亚，更不是说他们在写最后一本书时想到了鲍德里亚。我只是说，鲍德里亚的批判，与我们在阅读写于《反俄狄浦斯》之后的《什么是哲学?》时可以体验到的基调和立场转变，是同向的。仅仅说《反俄狄浦斯》是一本关于青年的书，而20年后的《什么是哲学?》是一本关于老年的书，这是不够的。仅仅说一本是1968年运动时的激情之书，另一本是野蛮人再次获胜的年份的书，也是不够的。我们需要更深入地考虑这一转变中发生的概念转变。

只要我们放弃某种斯宾诺莎的胜利主义，承认力比多能量是一种有限的资源，那么，帕斯奎内利讨论的力比多熵似乎就在德勒兹和加塔利的最后一本书中出现了。

事件的消失（和回归）

20世纪70年代中期，在激进文化的背景下，我们看到两种相反的想象力模式在起作用。精神分裂的观念认为，欲望的激增可以无休止地侵蚀所有控制结构。内爆的观念则将激增视为一种去现实化病毒的传播。欲望只是诱惑的效果，其主体实际上是一个人质、一个受害者。

"分子革命"只代表了"能量解放"（或片段激增等）的最后阶段，直到我们文化的扩张领域已经到了无限小的边界。欲望的无限尝试继承了资本的无限尝试。分子解决方案继承了空间和社会的分子投资。爆炸系统的最后火花，控制局限能量的最后尝试，或者缩小能量的范围……以拯救扩张和解放的原则。[28]

主体性内爆了，取而代之的是，我们只发现灾难的恐惧，或者恐惧的灾难。仿真病毒的激增，吞噬了事件。仿真重组设备的无限复制能力抹去了事件的原创性。剩下的就是自杀。

鲍德里亚在他1976年的书中已经考虑了自杀问题，其中象征交换伴随着死亡。

> 至少有可能找到一个可以抗衡三阶拟像的对手吗？是否有一个理论或实践，因为它比系统本身更随机，所以具有颠覆性，一种不确定的颠覆，对于代码的指令就像革命对于政治经济的指令一样？我们能对抗DNA吗？当然不是采用阶级斗争的手段。也许可以发明更高逻辑（或非逻辑）指令的拟像：超越当前的第三阶，超越确定性和不确定性。但它们仍然是拟像吗？也许只有死亡，只有死亡的可逆性，属于比代码更高的等级。[29]

在那些年里，鲍德里亚谈到了事件的消失，事件因仿真的诱人激增而消解。《终结的幻觉》最

初出版于1992年,这本书以埃利亚斯·卡内蒂的一句引言开篇:

> 一个折磨人的想法:从某个点开始,历史不再是真实的。在没有注意到的情况下,全人类突然离开了现实;自此发生的一切被认为是不真实的。[30]

鲍德里亚在这里写道:

> 人们有一种印象,即事件自行形成,不可预测地向它们的消失点——媒体的虚空边缘——漂移。就像物理学家现在看到他们的粒子只是屏幕上的轨迹一样,我们不再有事件的脉动,只有心电图。[31]

无限激增的符号,占据了注意力和想象力的空间,直到完全吸收了社会的力比多能量,剥夺了有机体对日常现实脉动的所有情感。由数字仿真释放的符号激增的速度是如此极端,以至于所有集体情感的电路最终都饱和了。我们也可以用另一种方式描述这个过程。社会控制的装置被纳入自动化系统中,因此,政治治理被自动化之链取代,被纳入了生产、通信、行政和机械系统中。活跃的集体在诸如生产和财富社会分配等基本问题上不再有决定性的作用,因为进入社会游戏需要采用自动化操作系统。在语言层面上,解释链被自动化,以至于不再可能读取不尊重预先编码的代码(即资本积累的代码)的陈述。

以其矛盾且有时可能过于仓促的风格,鲍德里亚谈论了这个过程,将之与事件的消失等同起来。

在《象征交换与死亡》(1976)中,以纽约摩天大楼作为数字仿真的隐喻,鲍德里亚写道(我读到这里时感到不寒而栗):

> 为什么纽约的世贸中心有两座塔楼?曼哈顿的所有伟大建筑总是满足于在竞争的垂直性中相互对抗,从而产生了一个建筑全景,这是资本主义系统的图像;一个金字塔丛林,每座建筑都在攻击其他建筑……但世贸中心

> 这种新建筑不再体现一个竞争系统，而是从属于一个可计数的系统，其中竞争已经消失，取而代之的是相关性……这种建筑图形属于垄断：世界贸易中心的两座塔楼是完美的平行六面体，四百米高，基座是方形的；它们是完全平衡的盲目的通信容器。它们是两座相同的塔楼，象征着所有竞争的结束，所有原始参照的结束。[32]

但故事并没有在这里结束。

2001年9月11日之后，在一篇引起丑闻的文本中，鲍德里亚肯定了事件的回归。随着两座世贸中心建筑的倒塌，仿真的魔咒也随之结束，连同无限复制效应，其隐喻已经在他1976年关于双子塔的文本中找到，在那里，它们被呈现为数字复制的塔楼。

《恐怖主义的精神》是一个在历史上最壮观的恐怖袭击之后被立即写成的文本。"壮观"这个词在这里具有双重含义，和一个矛盾的特性，因为这里的奇观恰恰是所有奇观的崩溃，内爆引发了爆炸。鲍德里亚在这个文本中的书写目的是,庆祝事件的回归,它超越了仿真的牢笼。

> 随着对纽约世贸中心的袭击,我们甚至可以这样说,我们面前是绝对事件,所有事件的"母体",纯事件,它在自己内部统一了所有从未发生过的事件。[33]

由符号资本主义投入的决策权力的巨大集中,已经导向了灾难性事件。那种难以忍受的自杀行为揭示了权力无限力量的虚妄,它面对着一种使它归零、化为灰烬的逃避形式。

死亡,更确切地说是自杀,是不可预见的事件,它恢复了事件链。从"9·11"起,自杀成为3000年历史舞台上的主角。不管我们可能决定采用什么其他视角来看待21世纪的历史——资本主义教条、狂热或绝望——自杀是官方话语隐藏的真相,既是无限增长的修辞,也是某类宗教或民族修辞所隐藏的真相。

自杀

自那一天起，12名年轻的阿拉伯人在曼哈顿制造袭击，劫机撞向世贸大厦，发动了第一场后现代战争，自杀就成了世界历史的主角。自杀并不是一种新的激进抗议形式。例如，在1904年，荷兰人登陆巴厘岛，企图将该岛置于他们的殖民统治之下。为巴厘岛多元性感到自豪的印度教居民强烈反对荷兰的入侵。经过几次战斗后，荷兰人准备攻打登帕萨的王宫。王公和他的宫廷人员穿着白衣朝荷兰人走去，一直走到这些侵略者面前，随后所有人都拔出剑，刺入自己的胸膛，上演了一场在巴厘岛语言中所谓的仪式性自杀。900多人在荷兰侵略者的惊讶目光下倒地身亡。这一事件对荷兰人的意识产生了创伤性的影响，荷兰殖民政策的危机进程由此开启。

第二次世界大战结束时，日本将领决定将自杀作为一种毁灭性武器，而不仅仅作为一种道德抗议。为了抵抗当时已经占优势的美国军队，他们命令年轻的飞行军官驾驶飞机冲向敌人的海军。"神风"成为自杀性毁灭狂怒的代名词。日本人类学家大贯惠美子在《神风日记：日本学生兵的反思》（*Kamikaze Diaries: Reflections of Japanese Student Soldiers*，2006）中证明了这些年轻飞行员对他们被给定的命运并不热情。通过公开他们的信件，大贯惠美子展示了神风特攻队员并不同意自焚，而是上司强迫他们驾驶燃油只够到达目标（一艘敌舰）而不能返航的飞机出发。

那些下令自杀的人和那些下令常规轰炸的人之间有什么区别？那些派遣绝望的年轻人在人群中当人肉炸弹的酋长和那些命令飞行员轰炸平民区的美国将军之间有什么区别？

因此，攻击性自杀并不是一个新现象，但在今天的语境下，它更加令人不安，不仅是因为任何下定决心、准备充分的人都可以获得毁灭和灭绝的工具，而且因为凶杀性自杀不再是一种罕见的边缘现象：它已经成为当代绝望的传播表现。

在凶杀性自杀的源头,就像任何其他形式的自我导向的暴力一样,没有政治原因,或战略军事意图,只有一种痛苦,它不只影响着伊斯兰青年。在资本主义胜利的时代,世界范围内的不幸福感的流行病引发了全球各地的攻击性自杀浪潮。

广告在每个街角、每时每刻、日日夜夜都重申了无限消费的自由、财产和通过竞争获得胜利的乐趣。在20世纪90年代,资本主义动员了巨大的智力、创造力和心理能量,开始了集体智力网络的价值化进程。但是,通过对人脑的无限系统性剥削,生产加速创造了不同寻常的心理崩溃的条件。"百忧解文化"是新兴的新经济的另一个名称。

成千上万的西方经济运营者和管理者,在化学性欣快感的状态下,做出了无数决策,他们因滥用精神药物而"兴奋"。但人体无法承受无尽的化学性欣快和生产狂热:在某个时刻,身体开始崩溃。就像双相情感障碍的患者一样,欣快感最终被长期抑郁取代,抑郁会直击一个人的动机、创业精神、自尊、欲望和性吸引力的根源。如果我们不考虑它与百忧解崩溃的巧合,我们就无法完全理解新经济的危机。

认知工作者的个人抑郁不是经济危机的后果,而是其根本原因。人们很容易以为,抑郁是事业不顺的后果:在多年来愉快地从事盈利工作后,股票价值暴跌,这些新型脑力劳动者陷入了深深的抑郁之中。

但事实并非如此。

抑郁源于我们的情感、身体和智力能量无法长期承受竞争和化学意识形态——欣快诱导剂——施加的节奏。市场是一个心理符号空间,在这里可以找到意义、欲望和投射的符号与期望。一场能量危机,在影响心理和精神能量。一旦这场危机爆发,人们就试图用强大的安非他命疗法来重新激励沮丧的西方心理,那就是战争。但只有病人会在抑郁危机时服用安非他命。最有可能的结果是:复发,越陷越深。

我并不是要把恐怖分子的自杀式袭击和影响西方生产型思维的双相情感障碍相提并论。我只是想说，这是两种相互趋同的病理，是难以承受之痛的两种不同表现形式。这种痛苦既影响着那些自视为胜利者——他们变得过度亢奋且充满竞争心理，也影响着那些饱受屈辱之人——他们因此心怀怨愤。

将凶杀性自杀化约至政治范畴，我们只能抓住其终极表现，而不是其根源。导致自杀的，是源于因羞辱、绝望、对未来失去希望、匮乏和孤独感而带来的难以忍受的痛苦，而不是恐怖袭击的战略意图。这些感受不仅属于那些丈夫和兄弟被俄罗斯士兵杀害的车臣妇女，也不只属于那些遭受西方暴力、无法忍受羞辱的阿拉伯青年。孤独、无意义，这些感觉四处蔓延。随着资本主义的胜利，人们的时间、生活和情感都屈从于自动化竞争的邪恶节奏。

成规模地制造不幸，是我们时代的话题。

我们要多久才能控制这一现象？我们要多久才能避免自己陷于这种局面：10亿被排除之人的愤怒和绝望将会破坏3亿融入社会者的盛宴？自杀式恐怖主义只是当代流行病的一个篇章，尽管它是最具爆炸性的血腥篇章。它可能发生在一个人的隔离小屋,也可能发生在地铁站的人群中:自杀不是对政治动机的回应,而是对痛苦、不幸和绝望的回应。自从资本主义的胜利开始侵蚀生活的每一个领域,公共生活遭到竞争、速度和攻击性的入侵,不幸就像森林火灾一样蔓延。现在,自杀正成为世界各地青年死亡的重要原因之一。几天前,公众从报纸上得知,伦敦自来水中有百忧解的残留:2 400万英国公民在服用抗抑郁药。

2007年,《今日中国》报道称,中国每年有20万人自杀。在日本,有一个词(过劳死)指的是那种能逼人自杀的过度工作。东日本旅客铁道株式会社(日本铁路公司之一)决定,在东京站台上安装大镜子,用意是提醒那些绝望到自杀的人在看到自己镜中的形象时重新考虑一下。

但这似乎不是最好的疗法。

有无补救措施来应对似乎已经淹没了世界的精神病浪潮,尽管广告牌上的笑脸依然在承诺安全、舒适、温暖和成功?也许社会问题不能再从政治上得到答案,需要求助于心理治疗。也许答案是：我们需要慢下来，最终放弃经济主义的狂热，共同重新思考"财富"这个词的真正含义。财富并不意味着一个人拥有很多东西，而是意味着一个人拥有足够时间享受大自然和人类合作提供的一切。如果绝大多数人能够理解这个基本概念，如果他们能够从正在使每个人的生活变得贫困的竞争幻觉中解放出来，资本主义的根基就会开始分崩离析。

致病的他异性

在电影《假面》中,伯格曼根据存在主义理论处理了他异性的主题:既将其视为一种不适,也将其视为一种疏离与切断交流回路的方案。伊丽莎白是一名女演员,在一次剧院演出中突然完全停止说话,就好像突然生病了或瘫痪了一样。医生们来看她,他们的医疗报告说她的身心都很健康。然而,伊丽莎白继续生活在完全的沉默中。她被带到一个诊所,那里有一位极其能干、聪明且健谈的护士阿尔玛照顾她。这两个女人产生了一种强烈的关系。为了完成她的治疗,阿尔玛陪着伊丽莎白去海边的一处房子疗养。她们开始迷恋彼此,交换她们的面具。阿尔玛说了很多,讲述了她的情感生活和过去的经历,而伊丽莎白尽管沉默,却显然很投入地倾听。

在拉丁语中,"persona"这个词指的是"面具"：荣格建议将其视为个体有意识或无意识地采取的虚假人格，即使与其自身性格相反，也是为了保护和捍卫自己，欺骗周围的世界，以适应它。

伯格曼通过分裂自我或双重人格的精神分裂形象来看待他异性问题。因此，身份是通过孤立和封闭的游戏来定义的。正是一个压抑社会的背景，推动了对个体面具的强迫性定义。在伯格曼构思其电影的文化背景中，异化是身体与灵魂之间关系的隐喻：灵魂在压抑下消失。

40年后，在完全不同的背景下，韩国导演金基德拍了一部电影，将"他异性"的问题表现为身份激增与表达过剩的游戏。他这部名叫《时间》的影片，讲述了通过医美改变一个人的身体的故事。

伯格曼的片名《假面》指向对认同的面具的沉思。金基德则聚焦多重性的概念和我们可以戴着许多面具这一想法，也就是说，不予认同的激增的面具。在医美时代，面具的多样性不仅代表了成为不同的言语代理人的可能性，而且特指拥有不同面孔、改变生理外观和表达位置及方式的机会。

影片《时间》的开头,画面定格在一家医美诊所的门前。韩国有许多这样的诊所。《时间》讲述了一个男人和一个女人的故事。他们做爱,她告诉他,她害怕遭抛弃,因为他最终会爱上另一个女人:我需要变成另一个女人,好让你爱上我;把我当作另一个女人,和我做爱,告诉我你的感受和想法。最后,她痴迷于这个想法,决定变成另一个女人。她去看美容医生,请求他改变她的面容,让别人再也认不出她。医生告诉她,她的五官如此甜美精致,没有理由整容,但她坚持要做。显然在韩国,有一半的女性要求用整容手术来改变自己。与此同时,这个男人因为爱人的失踪而绝望。他四处寻找无果,最后认为她永远不会回到他身边,直到他遇到了另一个女人;我们知道她是他的情人,只不过现在已经变成了另一个女人。她勾引他,但这个年轻人的心属于另一个已经消失的女人。这时,她告诉他真相,他的反应很激烈。作为报复,这个男人去了把他的女朋友整得无法辨认的同一家医美诊所,要求做同样的手术，以便没有人能再认出他。

这部电影的概念基础是内在身份和生理外观、身体和灵魂。最重要的是，他异性的主题。金基德的电影语言极其简单，但非常有力，许多镜头富于戏剧性和情绪张力，比如女主角回到医美诊所时，她迫切地想成为另一个女人，戴着由外科医生改造、现在已经成为她自己面孔的面具。欲望是他异性的无限游戏：这是我们在此被告知的戏剧的起点。

> 我想成为另一个人，因为欲望是从一个对象朝另一个对象的不断转移。

然而，我们不能低估仿真的主题：美容手术使对象的转移成为可能，因为它能够制造的，不是原型副本的形式，而是已经成为实体的合成图像。在这里，欲望和仿真在身体中玩它们最后、最绝望的游戏，因为灵魂已经被捕获。

我们时代病理的本质特征是欲望对象的虚拟无限激增，而不再是匮乏、压抑或禁止触摸对象。

他者作为无法触及的无限的消费品,作为不再可能的情欲他异性的虚拟替代品而激增。他者变成了色情,因为它总是从享受中抽离出来,成为无限欲望的对象,耗尽了真实人类有限的力比多能量。

不适与抑郁

20世纪反威权主义的理论,直接或间接地受到弗洛伊德的压抑观的影响。弗洛伊德的《文明及其不满》就聚焦于此观念。

> 文明在很大程度上是通过消除本能才得以确立,而且在很大程度上(通过抑制、压抑或其他手段)必须以强烈的本能不满足为前提。这种"文化挫折"支配着人类社会关系中相当广泛的领域。正如我们已经知道的,它是所有文明都不得不与之抗争的敌意的根源。[34]

弗洛伊德认为,压抑是社会关系的基本组成部分。在20世纪中叶,即20世纪30年代到60年代,欧洲批判理论分析了异化的人类学维度与解放的历史维度之间存在的关系。萨特在《辩证理性批判》（1964）中暴露的观点，直接受到弗洛伊德理论的影响。萨特认识到异化在人类学中是构成性的，因此也是不可避免的。相反，马克思主义理论在其历史主义和辩证法的变体中，将异化视为历史决定的现象，可以通过废除资本主义社会关系来克服。

在他1929年的文章中，弗洛伊德预言了这场辩论，批评了辩证法的天真：

> 有些人认为他们已经找到了摆脱邪恶的道路。根据他们的说法，人是完全善良的，对他的邻居心地友好；但是私有财产制度败坏了人的天性……如果废除私有制，一切财富共同所有，每个人都可以享有，那么人与人之间的恶意和敌对就会消失……我对这类经济批评不感兴趣；我无法探究废除私有制是否明智或有利。但我能够认识到，该体系依据的心理前提是一种天真的幻想。[35]

根据弗洛伊德的说法，现代资本主义像每一

个文明制度一样，是建立在对个体力比多的必要压抑和集体力比多的升华组织之上的。这一直觉，随后以许多不同的方式，在 20 世纪的思想中表达。

在弗洛伊德精神分析的语境下，我们的"不满"是基本的成分，不可避免，精神分析理论提供了通过语言和回忆治疗它可能引发的神经症的方法。受存在主义启发的哲学文化，赞同弗洛伊德的坚定信念，即本质的异化是不可避免的，力比多冲动被压抑。

相反，在马克思主义和反威权主义理论的语境下，压抑需要被视为一种社会决定的形式，社会行动可以通过解放已经属于社会真实运动的生产性和欲望能量来消除压抑。

不过，在这两种哲学语境中，压抑的概念都起着根本的作用，因为它解释了精神分析理论应对的神经症病理，同时也阐明了资本主义社会的矛盾，革命运动希望废除它，从而消除剥削和异化。

> 文明在很大程度上是通过消除本能才得以确立,而且在很大程度上(通过抑制、压抑或其他手段)必须以强烈的本能不满足为前提。

在 20 世纪 60 年代和 70 年代,压抑的概念在政治话语中退居次要地位。欲望的政治影响力得到强调,用以对抗压抑机制。但这种思维方式最终变成概念和政治的陷阱。例如 1977 年的意大利:在 2 月和 3 月起义后的逮捕浪潮之后,工人主义运动选择 9 月在博洛尼亚召开一次会议,讨论压抑问题。这是一个概念上的错误:选择压抑作为主要讨论话题,我们就进入了权力的叙事机器,失去了想象与权力不对称、因此独立于权力的新生活形式的能力。然而,在 20 世纪末,整个压抑问题似乎都消失了,退出了社会舞台。我们时代的主导病理,不再是由力比多压抑导致的神经症病理,而是由于"只管去做"的表达爆炸而产生的精神分裂症候群。

结构与欲望

20世纪70年代的反威权主义理论，是从弗洛伊德的概念领域中产生的，即便它们扩展和颠覆了后者的历史视野。在《爱欲与文明》中，马尔库塞宣称，集体爱欲解放的时机已经成熟。压抑通过禁止其充分发展，来压缩技术和知识的潜力。但批判性主体性，通过使社会的力比多和生产潜力得以充分表达，促进了自身行为，从而为完全实现快乐原则创造了条件。

对现代社会的分析与对规训工具的描述密切相连。规训工具以压抑的方式塑造了社会机构和公共话语。最近出版的福柯1979年的研讨会（特别是关于"生命政治的诞生"的研讨会）讲稿，迫使我们将福柯理论的焦点从压抑性规训转移到生命政治控制装置的创造上。然而，在他致力于构建现代性谱系的作品（特别是《疯癫与文明》《临床医学的诞生》《规训与惩罚》）中，福柯仍然以自己的方式在"压抑"范式的领域内活动。

尽管德勒兹和加塔利在《反俄狄浦斯》中公开放弃了弗洛伊德的领域,但他们仍然处于弗洛伊德1929年的论文《文明及其不满》划定的问题领域内。欲望是贯穿社会和个体经验的运动的驱动力,然而,欲望创造力必须不断与资本主义社会在每一个存在和想象角落放置的压抑性战争机器打交道。

欲望概念不能以"压抑"的解读方式来简化。相反,在《反俄狄浦斯》中,欲望与匮乏相对立。匮乏领域产生的辩证哲学,是20世纪政治建构其幸运(或不幸)的根基:它是依赖的领域,而不是自主的领域。匮乏是经济体制、宗教和精神支配的特定产物。爱欲和政治主体化过程不能建立在匮乏上,必须建立在作为创造的欲望上。

从这个角度来看,德勒兹和加塔利让我们明白,压抑不过是欲望的投射。欲望不是结构的表现,它具有构建数千种结构的创造力。欲望可以使结构变得僵硬,将它们转变为强迫性迭奏。欲望为自己设下陷阱。

然而，在源自福柯的谱系、德勒兹及加塔利的创造主义的分析框架中，盛行的是将主体性视为力量，视为被压抑的欲望在压抑的社会升华（sublimation）中的再现：一种反压抑的——或者更确切地说——一种表达性的观念。

结构与欲望之间的关系，是加塔利精神分裂分析理论中的转折点，使他摆脱了拉康-弗洛伊德主义的影响。欲望不能通过结构——作为一种可能的变体，取决于不变的数学模式——来理解。创造性的欲望产生无限的结构，包括那些作为压抑组织运作的结构。

但要真正走出弗洛伊德的框架，我们需要等待鲍德里亚，他那些年的理论对我们来说具有劝阻性。鲍德里亚描绘了一种不同的景象：在他20世纪70年代初的著作（《物体系》《消费社会》《媒体的挽歌》，以及最后的《忘记福柯》）中，鲍德里亚坚持认为欲望是资本发展的动力，解放的意识形态与商品的完全统治相对应：新的想象维度不是压抑，而是仿真、拟像的激增、诱惑。

对鲍德里亚来说，表达的过度是现实过量的核心。

> 现实像沙漠一样蔓延……幻觉、梦想、激情、疯狂和毒品，还有虚拟和拟像。这些都是现实的自然天敌。它们都失去了能量，仿佛被某种黑暗的不治之症击倒。[36]

鲍德里亚预见了未来几十年将占据主导地位的趋势：在他的分析中，仿真改变了主体与客体之间的关系，迫使主体接受被诱惑者的从属地位。主动方不是主体，而是客体。因此，与异化、压抑和不满相关的整个问题领域也随之改变。在他的晚年（在那部关于规训社会和社会控制的经常为人引用的著作中），德勒兹似乎质疑了福柯的规训理念，以及从中衍生出的不同理论架构：他似乎朝着鲍德里亚自20世纪70年代初就遵循的方向前进。我对比较仿真理论与欲望理论不感兴趣，即使有一天这种比较需要展开。我感兴趣的是，从后工业社会向符号资本主义过渡时期出现的精神病学场景，也就是说，基于非物质劳动和信息圈爆炸的资本主义形式。

过度生产,是资本主义生产的内在特征。因为商品生产从不对应人类具体需求的逻辑,只对应价值生产的抽象逻辑。然而,在符号资本主义领域,发生的特定过度生产是符号学的过度生产:无限过剩的符号,在信息圈中流通。个人和集体的注意力已经饱和。

随着时间的推移,鲍德里亚的直觉证明了其现实意义。未来的主导病理不是由压抑产生;相反,它将源自表达的要求,这一要求将成为一种普遍义务。

当我们讨论目前侵染连接世代的第一代人的不适感时,我们并不在弗洛伊德《文明及其不满》中描述的概念领域内。弗洛伊德的理论将压抑视为病理的根源:有些事情对我们隐藏,遭到压抑和压制;有些东西遭到禁止。

今天看来很明显,与世隔绝不再是病理的根源,根源是超视,伴随着信息圈爆炸的过度可见性——信息-神经的过度刺激。

不是压抑，而是超表达性，构成了我们理解当今精神机能障碍（注意力缺失症、阅读障碍、恐慌）的技术和人类学背景。这些病理学指的是对信息输入的不同处理方式，然而它们通过痛苦、不适和边缘化表现出来。

我想在这里声明，即使这似乎有些多余：我所说的，与反动和偏执地宣扬宽容态度的恶果无关；与美好过去存在的压抑对智力和社会习俗有何种积极作用的看法无关。

我们已经看到，占据主导地位的社会精神机能障碍——弗洛伊德称之为神经症且将之描述为压抑之后果，今天需要被描述为与行动维度、能量、信息过剩相关的精神病。

在其精神分裂分析的作品中，加塔利专注于重新定义神经症和精神病之间的关系，从精神分裂症的方法论和认知角色开始。这个新定义产生了极其强大的政治影响，它与资本主义对表达所施加的、类似神经症般的限制之激增相吻合。在资本主义制度下，人们的活动被严格限制在压抑的劳作范围内，而人们的欲望也遭受着各种规训性手段的压制。但社会运动的分裂型压力和社交的表达爆炸导致了社会语言、生产形式,最后是资本主义剥削的蜕变(一种精神分裂症式蜕变)。

在连接世代最初几代人的日常生活中蔓延的精神机能障碍,根本无法从压抑和规训范式的角度来理解。它们不是压抑的病理学,而是"只管去做"的病理学。

从符号病理学的角度来看,精神分裂症可被视为符号流相对于大脑解读能力的一种过剩。一旦世界开始运转得太快,太多的符号要求解释,我们的大脑就不再能区分赋予事物形状的线条和点。这时,我们便会试图通过一个过度包含的过程,通过扩展意义的界限,来赋予其一种可能的意义。在此,我们不妨再次引用德勒兹和加塔利合著的最后一本书《什么是哲学?》的结论:

> 我们只需要一点秩序来保护我们免于陷入混沌。最令人痛苦的,莫过于一个逃离自身的想法,莫过于那些飞走的尚未成形就消

失、就被遗忘侵蚀的观念……它们是无限的速度,融入它们穿过的无色无声虚无的静止中,没有本性或思想。[37]

精神分裂症的符号学

一个符号王国可以定义为压抑性的,因为其中的每一个能指只能赋予一个意义。那些不能正确解释权力符号、不礼敬国旗、不尊重等级和法律的人是不幸的。我们所有人都生活在符号王国中,我们是符号资本主义世界的居民,这个符号王国的特点是能指的加速,因此它激发了一种解释的超运动。

过度包含(over-inclusion)是精神分裂症解释(schizophrenic interpretation)的主要特征,它成为视频-电子媒体泛滥的世界中导航的主要方式。

在《一种精神分裂症的理论》一章中,贝特森定义了精神分裂症:

> 精神分裂症患者在三个功能领域表现出弱点:(1)他很难为来自他人的信息分配正确的交流模式。(2)他很难为自己的语言发出的

或非言语发出的信息分配正确的交流模式。(3)他很难为自己的想法、感觉和感知分配正确的交流模式。[38]

在视频-电子信息圈中,我们都生活在精神分裂式交流的境况中。人类接收器在符号脉冲中超负荷,无法按照顺序加工陈述和刺激的意义,人类接收器正是受到贝特森谈论的三种困难的影响。贝特森还提到另一种精神分裂症的姿态,那就是无法区分隐喻和实际表达。

> 精神分裂症患者的特殊之处,不在于他使用隐喻,而在于他使用未标记的隐喻。[39]

在数字仿真的世界中,隐喻和事物之间的界限越来越模糊:事物变成了隐喻,隐喻变成了事物。再现取代了生活,生活取代了再现。符号流和商品流通的代码重叠,成为鲍德里亚所谓"超现实"星座的一部分。因此,精神分裂症的标记成为流行的解释代码。集体认知系统失去了批判能力,无法区分连续呈现在其有意识或无意识的注意力中的陈述的真假价值。在快速媒体激增的世界中,解释按照没有意义的关联和连接的螺旋线发生,不再按照顺序线发生。

乔治城大学研究员理查德·罗宾写了一篇题为《基于学习者的听力和技术真实性》的论文,研究了语速加快对听力理解产生的影响。罗宾的研究基于计算学习者每秒发出的音节数量:语速越快,发音的音节越多,听力理解难度越大;语速越快,留给听者批判性地处理信息的时间就越少。语速,以及在时间单位内发送的符号脉冲的数量,取决于听者可用于有意识思考的时间。

罗宾写道:

> 语速快会让听者感到害怕……有证据表明,在西方广播风格取代传统权威风格的地区,全球化已经导致广播语速加快。[40]

罗宾的潜台词惊人地有趣,有助于我们理解从(20世纪威权主义政权的)"说服性"的威权形式向（当代信息统治的）"弥漫性"的生命政治权力形式的转变。前者基于同意：公民需要很好地理解他们的总统、将军、元首、书记或领袖的理由。只有一个信息来源得到授权。异议声音将遭到审查。

符号资本的信息统治政权则将其权力建立在超负荷之上：加速符号流，让信息源增多，直到它们成为难以区分、无关紧要、难以理解的白噪声。

这就是为什么我们反复说，如果现代社会最普遍的病理是压抑引起的神经症，那么，今天最普遍的病理则呈现出一种精神错乱、恐慌驱动的特征。注意力的被过度刺激削弱了人们按重要顺序解读的能力，同时也减少了可用于对他人及其身体、声音进行情感解读的时间，人们试图理解对方，却从未成功。

不稳定的灵魂

IV

放松管制与控制

鲍德里亚指出，自从权力不再以规范为基础，不再以对身体、社会、语言和道德关系的规训管制为基础，换句话说，自从世界被普遍的不确定性淹没，"解放"这个词就失去它的意义。

在福特主义时代，价格、工资和利润的波动建立在社会必要劳动时间与价值的确立之间的关系上。随着微电子技术的出现，以及随之而来的生产劳动的知识化，现有衡量单位与不同生产力之间的关系进入了一个不确定性的阶段。玛格丽特·撒切尔和罗纳德·里根在20世纪80年代初采取的放松管制政策不是这种不确定性的原因，而是它的政治体现。新自由主义标志着价值法则的终结，将其变成了经济政策。理查德·尼克松在1971年做出的将美元与黄金脱钩的决定，使美国资本主义在全球经济中发挥了关键作用，使其摆脱了1944年建立起来的布雷顿森林体系框架。从那时起，美国经济不再受经济法则（如果这种控制曾经存在过的话）的约束，只依赖于武力。

美国的债务可以无限增长，因为债务人比债权人军事力量更强大。从那时起，美国让世界其他国家为其战争机器的升级付出代价；美国也使用其战争机器威胁世界其他国家，迫使它们付出代价。经济学远远不是客观科学，而是一种社会关系的模型化、一种暴力强制的事业。它的任务是对社会活动强加任意规则：竞争、最大利润、无限增长。

在《象征交换与死亡》中，鲍德里亚对千禧年末期演变的总体趋势有了一种直觉：

> 现实原则对应于价值法则的某个阶段。今天，整个系统被不确定性淹没，每一种现实都被代码和仿真的超现实吸收。[1]

整个系统陷入了不确定性，因为指称与符号、仿真与事件、价值与劳动时间之间的对应不再有保障。美元可兑换性的终结，开启了一个价值波动的偶然性制度。可兑换性的规则是出于政治意愿而被废除。同样是在 20 世纪 70 年代，机器范式统治的整个技术和组织系统开始瓦解。

那么，在价值波动的偶然性制度内，价值是如何建立的？通过暴力、欺诈和谎言。暴力被合法化为唯一有效的法律来源。价值波动的偶然性制度，与公共话语和公共灵魂中愤世嫉俗占主导地位，相一致。

为了理解新自由主义放松管制所带来的社会效果，我们必须理解社会关系的不稳定性对个体和集体灵魂产生的精神病理学效应。从 20 世纪 70 年代开始，放松管制在权力意识形态中扮演了核心角色，不仅扰乱了经济与社会之间的关系，也扰乱了批判性话语的坐标。放松管制这个说法名不副实。它似乎起源于反体制先锋派的历史，将自由主义的风气带入社会领域，预示着每一个规范和限制性规则的终结。实际上，伴随货币新自由主义胜利而兴起的放松管制措施旨在清除所有规则，以便只有经济法则占据主导地位，不受质疑。现在唯一合法的规则是最严格、最暴力、最愤世嫉俗、最不理性的规则：经济丛林法则。

在福柯致力于构建现代权力谱系的作品中，其关键概念是规训，可以理解为在福特主义背景下身体的塑造。在他的早期著作中，他研究了现代规训结构——精神病院、诊所、监狱——的形成，福柯构建了一个包括主体形成理论在内的现代权力理论。

现在，自由主义放松管制的专制已经完全得到发展，福柯在他的早期著作中运用的话语需要更新。正如我们在《生命政治的诞生》中看到，福柯自己意识到了这一点。《生命政治的诞生》原本是他1979年在法兰西学院研讨会上的讲稿，在这里，福柯追溯了后福特主义时代的转型，它如同一股爆炸性的力量，将新自由主义形式嵌入到充满活力的社会机体之中。在他的研讨会上（此时，英国，撒切尔参选首相；美国，里根竞选总统），福柯扩大了他的谱系学和生命政治视角的范围，以囊括那些年刚开始成形的经济过程。

在课程总结中,福柯写道:

> 本课程的主题是"生命政治",我所说的"生命政治",是指自18世纪起,人们试图将一组构成人口的生命体所呈现出的特征性现象(如健康、卫生、出生率、预期寿命、种族等)给政府实践带来的问题合理化……我们知道,自19世纪以来,这些问题日益重要,并且直至现在,它们还引发了诸多政治和经济问题。[2]

福柯提出"生命政治"一词,旨在表达这样一种观点:权力的历史是生命体被深度变异的机构和实践塑造的故事,这些机构和实践能够引入行为模式和期望,甚至能在生命体上造成永久性改变。生命政治代表了生命体被其互动所需的生活环境施行的形态塑造。

自由主义(或者更确切地说是新自由主义,因为我们指的是那种特别激进的自由主义变体,它在20世纪70年代由芝加哥经济学派提出,后来被美英政府采纳,1989年后最终成为全球政治的核心教条)是一个政治方案,其目的是将企业原则渗透到了人际关系的每一个领域。私有化及社会领域的方方面面都被简化为企业模式,使经济动力摆脱了任何束缚,无论是政治、社会、伦理、法律、工会,还是环境方面的束缚。在前面的几十年里,由于凯恩斯改革和有组织的工人行动刺激了公共投资政策,这些纽带束缚支撑起了私有化。

但是,随着越来越自由的放松管制在生产中消除了一切法律纽带,法人从管制中解放出来,越来越多鲜活的社会时间被语言、技术和心理锁链捕获。福柯解释说,生命政治是一个内化的过程:一旦社会摆脱了任何正式规则,经济锁链就被纳入身体和社会语言领域。在此意义上,今天的自由问题是一个生命政治问题。

现在,我想谈一谈马克思主义的题外话。

在20世纪60年代出版的《资本论》第一卷的所谓"未发表的第六章"中,马克思谈到了从资本的形式吞并向真正的吞并过渡。形式上的吞并,是基于对工人的法律征服，基于对身体的形式规训。而真正的吞并意味着，工人的人生已经被资本流动捕获，灵魂已经被技术语言锁链渗透。

无处不在的技术的引入，生产过程和社会交流的计算机化，对集体神经网络进行了分子层面的统治。这是死物或商品的领域，它使人类活动客观化，将其还原为认知自动化。在这个意义上，我们应该谈论"死亡政治"：智慧生命服从于死物，死者统治着生者。

新自由主义理论将自由的概念简化为其形式的、法律的维度，但当代极权主义已经锻造了与政治专制主义不同的锁链：它的统治工具已经从政治领域转移到主体性的技术生产领域，从法人的领域转移到有生命的身体，转向灵魂。

一方面，新自由主义旨在消除所有限制竞争动力的法律规范和社会规则。另一方面，它希望将社会生活的每一个领域（包括医疗、教育、性、情感、文化等）转变为一个经济空间，那里唯一有效的规则是服务的日渐绝对私有化背景下的供需法则。

新自由主义消除了保护社会免受竞争经济动力影响的纽带；因此，在集体身心中产生了生命政治烙印的效果。

这意味着将"企业"这一概念从社会肌体或社会结构内部进行泛化；意味着要对这一社会结构进行安排，使其能够被分解、细分和简化，这种分解、细分和简化并非基于个体特征，而是基于企业特征。个体生活必须被安置在……一个由相互关联、相互交织的多元化企业所构成的框架之中……最后，个体自身的生活——例如，他与私有财产的关系、与家庭的关系、家务、保险和退休计划等——必须使他成为一种永久且多元的企业形态……这种"企业"形式的泛化具有何种功能？一方面，当然，它涉及将供给与需求、投资—成本—利润等经济模式加以延伸，使其成为社会关系乃至存在本身的一种模式，成为个体与自我、与时间、与周围人、与群体，以及家庭之间关系的一种形式……因此，回归企业模式既是一种经济政策,或曰使整个社会领域经济化的政策,同时,它也是一种力求成为某种"生命政治"的政策,其功能在于弥补严格的经济竞争游戏中那些冷漠、无情、精于算计、理性且机械化的方面的缺陷。[3]

企业统治,既是一个政治放松管制过程,也是一个认知过程,涉及时间的新分割和文化期望。在这个意义上,它是一种生命政策。

在政治层面上,新自由主义的胜利导致了福柯所谓的

> 一种经济法庭的创建,它声称以严格的经济和市场术语来评估政府行为。[4]

每一个政府抉择、社会倡议、文化形式、教育或创新,都根据一个独特的标准来判断:经济竞争和盈利能力的标准。每一种学科、知识、情感的细微差别,都必须符合那个标准。新自由主义代表了构建经济人的尝试:一个无法区分自己

利益和经济利益的人类学模式。

在这种自由主义观念的起源中,人类利益(伦理和美学利益)简化为经济利益,财富的概念简化为财富拥有者的概念。财富的概念与自由享受的乐趣分离,简化为价值的积累。

变得不稳定

在价值波动的偶然制度中，不稳定性成为社会存在的普遍形式。资本可以购买人类时间的碎片，并通过数字网络重新组合它们。数字化的信息劳动可以在不同的地点被重新组合，远离它的产地。从资本价值化的角度来看，资本流是连续的，并在所生产的客体中找到其同一性。然而，从认知工人的角度来看，所做的工作具有碎片化特征：它由可供生产重组的细胞时间碎片组成。间歇性工作单元在全球生产的大控制框架内打开和关闭。因此，时间的分配可以与工人的身体和法律身份相分离。社会劳动时间就像价值的汪洋，根据资本的需要，生产可以分组和重组的细胞。不稳定性已经改变了社会构成，改变了如今就业市场的一代代新人的心理、关系、语言和表达形式。

不稳定性不是社会关系的一个特定元素，而

是全球化网络领域中资本主义生产的黑暗内核，在那里，碎片化的、可重组的信息劳动流不断地循环。不稳定性是整个生产周期的转型元素。没有人能幸免。长期合同工人的工资被削减或停发；每个人的生活都受到日渐增长的不稳定性的威胁。

自从福特主义式规训解体以来，个体发现自己处于一种貌似自由的状态。没有人强迫他们忍受服从和依赖。相反，强制力嵌入了社会关系的细则中，而控制则由自愿但不可避免地服从一系列自动化机制来施加。在美国，大多数学生需要贷款以支付他们的课程费用并获得大学学位。学费如此之高，这笔贷款成为学生数十年无法摆脱的负担。就这样，这种方式在新一代的生活中制造出一种新的依赖形式。

20世纪80年代和90年代，作为独立和自我创业的载体而呈现的新自由主义价值观，露出真实面目：它是一种新形式奴役的表现，造成了社会无保障，尤其是制造了心理灾难。灵魂，曾经灵动，现在必须遵循功能性路径，以适应构成生产集合的操作交换系统。灵魂变得坚硬，失去了它的温柔和可塑性。工业工厂使用身体，把灵魂抛在流水线之外，以至于工人看起来像一具没有灵魂的身体。而如今，无形工厂却要求我们将灵魂（智力、情感、创造力和语言）置于它的支配之下。无用的身体在游戏场边松软地躺着：为了照顾它、娱乐它，我们将它投入健身和性的商业循环。

当我们进入信息劳动领域时，资本不再招募人员，它购买时间包，时间包与它们可互换的偶然的承载者分离。去人格化的时间现在是价值化过程的真正主体，而去人格化的时间没有权利（即这种被购买的时间不会得到任何法律或道德上的保护）。

与此同时，人类机器就在那里且随时可用，宛如一个等待肆意拓展的大脑。时间的延伸是细致入微的细胞化过程：生产时间可以被分解为精确的、偶然的、碎片化的形式。这些碎片的重组在数字网络中自动实现。手机使得符号资本的需求与网络空间中活劳动的调动之间的连接成为可能。手机铃声呼唤工人们将他们的时间重新连接到网状流之中。

由于其生命部分的互连，社会系统似乎越来越类似于生物系统。1993年，凯文·凯利在其著作《失控》中谈到了生物系统，这些人工系统根据生物体的生命重组范式运作。这本书勾画的总体视野是全球脑，在这里，我们发现了综合的生命有机体和数字网络。全球脑是一种生物数字超有机体，连接大脑、身体和电子网络。这种网络模式能够以最有效的方式组织和指导生产能量。因此，水平整合模式倾向于取代等级决策模式，重组模式倾向于取代事件和辩证矛盾的积累模式。生命系统，比任何可以根据机械和理性及自愿行动的顺序模式解释的系统，都要复杂得多。技术引导我们制造人工生命系统。这使得现代政治源自机器隐喻的方法和认识论，变得不可挽回地过时。我们需要根据生物信息学模式的隐喻可能性重新思考政治。

这个想法在20世纪90年代的网络文化中广受欢迎：网络系统的全球互联给予人类智能更高的力量。但是，使这种力量符号化的原理是什么呢？

谁真正从集体智能的赋能中受益？在《失控》中，凯利写道：

> 当非常大的网络渗透到人造世界时，我们第一次看到了从变得活跃、智能和进化的网络机器中出现的东西：一种新生物文明。在这个意义上，全球脑也在网络文化中出现了。全球脑是计算机和自然的联合，是电话和人脑等的结合体。它是一个非常大、极其复杂、不确定的形体，由它自己的无形之手掌控。[5]

凯利认为，全球脑模糊但优越的设计通过全球互动决策的自动机制显现出来。大众可以说成千上万种语言，但使其作为一个整体运作的语言，是体现在技术中的经济自动化的语言。陷于不确定性和不稳定性的镜子游戏中，大众表现出它的黑暗面，跟随自动化，将其财富变成悲伤，将其力量变成痛苦，将其创造力变成依赖。

大众根本没有表现出自主性，而是表现出对生命权力在日常生活中、在我们的情感和心理中建立和激活的自动化的依赖：我们变成了群。根据尤金·萨克尔（Eugene Thacker）的说法，群是多个、个体化、彼此有联系的单元的组织。[6] 换言之，群是一种特定的集体或团体现象，可能依赖于连接性的条件。群是由关系性定义的集体。这既与个体单元的层面有关，也与群的整体组织有关。在某种程度上，"活网络"和"群"重叠。群是一个整体，它不仅是其部分的总和，也是一个异质的整体。在群中，部分不服从于整体；两者同时存在，彼此依赖。

群没有政治灵魂，只有自动的以及关系的灵魂。

有效行使政治（即政治管理）需要有意识地处理社会有机体共享的信息。但是数字社会中流通的信息太多、太快、太强烈、太密集、太复杂，个人或群体无法在必要的时间里有意识地、批判性地、合理地进行处理并做出决策。因此，决策留给了自动化，社会有机体似乎越来越经常按照个体基因认知遗产中固有的自动进化规则来运作。群现在越来越倾向于成为人类行动的主导形式。位移和方向越来越由凌驾于个体之上的集体自动化系统来决定。

在《未来时速》中，谈到数字生产过程具有的普遍生物形式时，比尔·盖茨写道：

> 组织的神经系统与我们人类的神经系统类似。每一个商业公司，无论什么行业，都有"自主"系统，都有操作过程，公司若要生存，"自主"系统或操作过程就必须继续……不过，组织的神经系统缺少的是，类似于大脑中相互连接的神经元的信息链接……当信息像人类思维一样快速自然地流经你的组织，当你可以像集中个人注意力到某个问题一样迅速地利用技术统筹协调团队时，你就知道，你已经建立了一个出色的数字神经系统。这就是如思维般迅捷的商业运作。[7]

在连接的世界中，一般系统论的反馈循环与

生物遗传学的动态逻辑，在数字生产的后人类视野中结合在一起。盖茨所设想的生物信息生产模式是一个接口，它将使人体能够与数字电路相结合。一旦它完全运作，数字神经系统可以迅速安装在一种新的组织形式上。微软表面上只经营产品和服务，实际上，它经营的是一种控制论组织形式，一旦安装，这个组织形式就通过当代生活的所有关键机构的神经系统来结构化数字信息流。微软应被视为我们可以下载的虚拟记忆，随时准备安装在社会有机体的生物信息学接口中：它是一个安装在人类主体性的身体电路内的网络全景监狱，是社会交流电路中引入的一个变异因素。控制论最终变成了生命本身，正如盖茨喜欢说的，信息是我们的"生命淋巴"。

生物技术为这一情景的进一步发展铺平了道路，允许我们用生物工程（药物、人造器官、基因突变和细胞重新编程）产生的变异流，将个体身体和社会身体连接起来。从某种意义上说，甚至信息技术也用变异流占据我们的灵魂，入侵我们的注意力、想象力和记忆。信息学和生物技术允许身体在一个由自动化统治的连续体中连接。

在规训社会中（福柯讨论了其认识论和实践的起源），身体被社会和生产规则以压抑的方式规训，这些规则要求共识、服从和有意识的内化。相对于由公民代表的有意识的人类有机体，现代国家强加给个体的法律具有外在性。

德勒兹讨论的控制社会，则从身心的连线开始安装，由于技术设备的决定性导致的变异，为技术语言的自动化注入了活力。精密的技术活跃在分子层面上，它们是变异的纳米因素。因此，它们通过技术语言自动化和技术操作为控制智能主体（agent-subject）创造了条件。有意识的个体有机体的心灵通过变异的符号流连接：它们将有机体转变为全球脑和生物数字超有机体的终端。

达尔文认为，在物种自然演化所需的漫长时间里，选择过程在起作用。在一代人的时间里，我们无法从这个意义上感知到任何重大的东西，选择只会以累积的方式经过许多代人表现出来。微小的、几乎无法察觉的变异在漫长的时间周期中累积。但在现代，情况还是这样吗？技术难道不是本来如此缓慢的变异过程中令人难以置信的加速因素？技术现在是否已经倾向于加速，以至于在一两代人之内就完全显现其结果？变异不是就在我们眼前发生，从技术层面（数字化、连接性）传播到社会、文化美学、认知和生理层面？我们难道看不到情感系统、欲望机制、地域错位，以及注意力、记忆和想象的模式已经在变异？我们不是已经开始感知到生物技术诱导的有机体中可能的心理变异了吗？

因此，环境确实对人类心灵做出的选择有决定性作用，然而人类心灵也是环境的一部分。出于这个原因，自由主义理论基于社会达尔文主义的前提得出的结论，其逻辑是错误的。诚然，生物学支配着人类行为，但人类行为也决定生物学。问题是要理解一个有意识的人类心灵将做出哪些（认识论的、技术的，最终是本能的和美学的）选择。

灵魂的塑造

现代社会建立在人类对一个以人为尺度的世界的治理视角上。这种治理必须规训身体、交流关系和语言。正如福柯在其《疯癫史》中已经表明的那样，规训意味着将世界还原为理性，与此同时，非理性遭限制、隔离、压制和医学处置。福特主义工业模式的发展预设了同样的规训过程，尽管也重新定义了它。身体与机器之间的生产关系是通过互动形成的，这种互动是缓慢的、可见的、有意识的、可管理的。解剖学意义上的身体和资本主义大机器在这个过程中互相塑造。在福特主义工厂中，解剖学和力学共同维持着生产身体的系统，它们占据了客体、转化和位移的物质空间。在这个可见的物质空间中，劳动和冲突变得明显，权力被组织起来。

但是，一旦数字技术出现在社会生活的视野中，社会关系的核心因素就从（尺寸、身体、欲望的）模拟领域转移到（关系、常数、仿真的）算法领域。数字化意味着在操纵的本质层面上发生了转变：社会产品不再在物质意义上被操纵，而是在概念层面上生成。因此，将生产、社会和交流串联起来的场所，与社会知识甚至可见性隔离开来。自动化展露在社会舞台上，然而产生它们的领域却从可见性中消失了。不仅因为这是一个秘密领域（研究实验室被排除在任何民主判断或决策之外），而且因为一切都发生在纳米技术领域内。

人道主义视野与普罗泰戈拉"人是万物的尺度"的假定相关。在传统甚至工业世界中，人是尺度，技术世界建立在人的意志和具体操纵能力之上。一旦不可见的技术传播开来，就不再是这么回事了。决定社会现象形成的重要"事物"（实际上是生成算法）不再符合人的尺度：人眼再也看不见它们。政治因此被削弱，因为在政治上可见的一切都没有价值，成了纯粹的"景观"：景观是我们可以看到的东西，但生成算法是看不见的。因此，支配权从身体、机械和政治规训的领域，转移到逻辑和心理，或逻辑和生物遗传自动化的领域。技术社会支配的主体不是身体,而是灵魂。资本主义全球化本质上是由这些技术语言自动化支持的,它们在生产社会的一般层面上扩散和连接,以至于资本主义价值化越来越独立于任何有意识的活动和人类可能的政治行动。

工人阶级的政治灭绝,过去不是,现在也不是政治力量之间斗争的结果,不是社会淘汰的效果。工人仍然存在,但他们的社会行动不再对实际产生一般社会效果的主导过程有效。符号资本舞台上发生的不可逆转变化,是人类因素(工人)和控制、决策的场所之间的关系发生了变化。控制,作为对身体的束缚,不再在宏观社会或解剖学的层面上进行。控制在看不见的、不可逆转的层面上发挥作用。这是一个无法统治的层面,因为它是通过创造语言和操作自动化来实现的,这些自动化是技术圈运行的组织方式。

对身体的控制不再通过宏观的限制机制来实施,而是通过微观机器来实施。这些微观机器借助精神药理学、大众传播,以及信息界面的预设,被整合到有机体之中。这意味着,对身体的控制,是通过对灵魂的塑造来实现的。

生物信息学本体论

皮科·德拉·米兰多拉是一位人文主义者、语文学家,他在 1486 年写了一篇名为《论人的尊严》的文章,他写道:

> 至高的父,万物的缔造者,以其隐秘智慧之法则,建造了这座宅邸,即我们所见的这个世界——一座无比宏伟的神殿。他以心智装点至高的天界,以永恒的灵魂赋予天体以生机;又以形形色色的动物填满了下界那些被遗弃的残余之地。然而,当工程竣工之时,这位匠人渴望有人能领悟如此宏大工程的深意,能欣赏它的美丽,并惊叹于它的伟大。于是,在万物皆已完备之际……他最终考虑创造人类。但在原型之中,并无他可用来塑造新生命的模子;在他的宝库中,也无他可赐予新子的遗产;亦无空缺的审判席位,

供这位宇宙的沉思者就座。一切均已填满；万物皆已在至高、至低与中间秩序中各安其位。然而，作为父性之力，他不应在最后的分娩中失败……在万不得已的情况下，因缺乏计划而摇摆不定，这绝非智慧之举；那将赞美他人神圣慷慨的仁爱，也不应被迫自责。最终，这位最优秀的工匠决定，既然无法赋予人类任何独有的特质，那便以复合的方式，将万物各自独有的特质赋予人类。因此，他选取了人类——这一形态未定的作品；将他置于世界的中心，并对他说道："亚当，我们未赐予你固定的席位，未赋予你独有的形态，也未给予你任何特别的恩赐，好让你能拥有，占有，将那些你渴望的席位、形态与恩赐视为己有。其他生灵的有限本性，皆受限于我们所定下的法则。而依据你自由的判断——我已将你置于其掌控之下——你则不受任何界限的束缚；你将为自己设定自然的限度。我将你置于世界的中心，以便你能更便捷地环顾四周，观察世间万物。我们既未将你造为天神，也未将你造为凡人；既未赋予你必死的命运，也未赐予你不朽的生命。你，如同一位因荣耀而被任命的法官，是自身的塑造者与创造者；你可将自己雕琢成任何你偏爱的模样。你可以沉沦至野兽般的低等本性，也可以凭借灵魂中的理性，升华至神圣的高等本性。"[8]

皮科在 15 世纪末关于人类尊严的话，开启了现代视野：人类行使权力，不是由任何原型、规范或必然性建立，因为造物主没有以任何方式确定需要遵循的路径。同样在那些年，刚刚基督教化的西班牙驱逐了穆斯林和犹太人，西班牙基督徒的军队给新大陆带来了死亡、灭绝和虐待的文明。进入现代性的标志，是强调自由和企业精神。这也是一种暴力的强加。

皮科告诉我们：上帝没有更多的原型可用，人类，作为上帝的宠儿，作为上帝最后的、最复杂的造物，不能由任何原型或本质来定义。因此，上帝不得不让人类自由地定义自己，自由地设定他们的行为和命运的界限。人类没有被神意设限或完成，神留给了人类不确定性的意志。自由被理解为摆脱确定性的自由：在这个意义上，自由构成了人类本质。

现代性源于这种意识：人类文明是一个方案，而不是一个隐含在神意或存在中的设计的执行或实现。现代性的历史在存在的空虚中上演。但在这种不断克服限制的历史表现中，现代性达到了它的顶峰和枯竭。

人类智能的技术发展创造了条件，对皮科强调的人类固有和原初特征的不确定性进行批判性审视。尽管人类的自由得到了神意的保障，让人类在自己的不确定性中生活，自由地定义自己，但技术终止并抹去了人的自由，构建了一个被物化和寄身于语言自动化中的命运。

在他的《关于人道主义的书信》中，海德格尔已经展示了人道主义是如何处于危险之中：它实际上受到了隐含在知识的数学化和数字化中的"超越人类"的谴责，受到了生活自动化的谴责。[9]权力意志产生了终结自身的工具，造成了人类自由（即人类本质）的终结，因为人类处于一个被技术消除的自由的空间中。

> 比制订规则更重要的是，人类要在存在的真实中找到通往家园的道路……因此，语言既是存在之家，也是人类的家园。正因为语言是人类本质的家园，历史性的人类和个人，才无法在他们的语言中找到归宿，以至于对他们来说，语言仅仅沦为承载其种种世俗挂碍的容器。[10]

语言是存在之家，但同时海德格尔告诉我们，语言属于技术：技术立即成为它的特权对象，以及产生、表达、编程的主体。

> 现代性的根本事件是，将世界作为图像征服。从现在开始，"图像"一词意味着：表征性生产的集合形象……为了这场世界观的战斗，且依据其意义，人类针对一切事物，启动了无休止的计算、规划和培育的进程。作为研究的科学，是这种在世界中自我确立所

采取的不可或缺的形式；它是诸多路径之一，沿着这些路径，现代性以一种参与者都未曾察觉的速度，朝着其本质的实现疾驰而去。[11]

这段引文的最后几句话需要加以关注。在说过现代性是对世界进行征服，并将世界降为图像、最终简化为一种综合形式之后，海德格尔得出结论：这一过程以参与者无法认识到的速度发生。

但参与者是谁？他们是逐渐失去统治世界的权威的人类，被渗透世界并重新定义世界的自动化取代。海德格尔说，人类（"参与者"）无法认识到现代性奔向其本质实现的速度，因为这种实现恰是人类的无意识——他们对自动化的依赖。人类对自己启动的过程越来越不敏感。由于他们从存在与存在者之间的距离，以及存在的本体论无偏见的特性中诞生的自由，人类达到了如此地步：在存在的空位中安装一个技术王国。存在的空位，因此被技术圈的表演力量填补，数字系统被转化为一个操作装置。

人道主义的终结，源于人道主义自身的力量。

结　语

今日经济萧条和心理抑郁的根源

全球经济的崩溃,可以视为灵魂的回归。基于经济因素理性平衡的新自由主义意识形态的完美机器正在分崩离析,因为它建立在一个有缺陷的假设上,即灵魂可以简化为纯粹的理性。灵魂的暗面——恐惧、焦虑、恐慌和抑郁,在资本主义大肆吹嘘的胜利和承诺的永恒阴影下,潜伏了十年后,终于浮出水面。

在这个简短的结论中,我想思考"depression"这个词的两种不同含义:经济萧条与心理抑郁。

我们使用这个词时指的是一种特殊的心理痛苦,同时也指正在我们这个时代的历史地平线上投下阴霾的全球危机的总体态势。这不仅是文字游戏,也不仅是隐喻,而是心理流和经济过程的交织与互动。

在 2000 年,美国市场经历了信息经济领域生产过剩的影响。在网络公司泡沫破裂，美国世通、安然等大公司倒闭后，美国资本主义改变了发展的方向：虚拟生产经济让位给了战争经济。由于战争，经济重启，但劳动力成本持续下降，增长实际上建立在私人和公共债务的扩张之上。生产过剩危机并未消失，最终在2008年再次显现，次贷危机引发了最令人震惊的金融危机。

经济萧条和心理抑郁的事件，需要在同一个背景下理解：它们之间相互关联，不仅因为它们相互滋养，而且因为精神分析理论对社会思想家有教益，心理治疗可能为社会变革过程提出非常有用的方法。

新自由主义意识形态基于这样的观念，即经济可以视为一个平衡的理性预期与理性投资的系统。但在社会空间中，并非所有的预期都是理性的，也并非所有的投资在数学、科学的意义上都是"经济的"。欲望参与了这个过程，无意识在每一个投资场景、在任何消费行为和经济交换的幕后发声。

这就是为什么所谓的市场的完美平衡变成了灾难性的混乱。

在充满动力的牛市年份中,到处都是狂热、竞争和兴奋。恐慌和抑郁被否定,但它们一直在起作用。现在它们重新浮出水面,扰乱了资本主义价值化的正常流动。

符号资本主义,即符号物质的生产和交换,总是将灵魂作为生产力和市场来剥削。但灵魂远比流水线上工作的肌肉劳动力更加不可预测。

在百忧解经济的年代,灵魂乐于被剥削。但这不可能永远持续下去。"灵魂困扰"首先出现在网络热潮十年的最后一个年份。当时以千年虫的名义宣布了技术末日。社会想象力充满了启示录般的预期,以至于技术崩溃的神话在全球范围内掀起了一波惊心动魄的浪潮。千禧年之夜什么也没发生,但全球灵魂一度在深渊的边缘摇摆不定。

在那些日子里,格林斯潘谈到了非理性繁荣,意在指出情感扰动在金融市场领域的危险效果。但这些扰动并非偶然,不是偶然存在的临时现象:

它们是我们心理能量过度开发的结果；它们是附带损害，是灵魂被投入工作中产生的不可避免的后果。实际上，当认知劳动力的神经能量被不断的信息刺激驱使，我们就无法避免情绪的传播，无法避免精神病理的影响。

2000年春天，当虚拟经济突然因高科技股市的暴跌而受到威胁时，人们对萧条的恐惧就具象化了。网络泡沫破裂，整体经济受到严重冲击，萧条的传言开始在全球范围内传播。

但是，你如何应对萧条呢？

你会尝试服用安非他命，用刺激精神的药物来进行休克疗法？只有愚蠢的医生才会这么做。但不幸的是，这样的人物真的坐在白宫的椭圆形办公室里，小布什以战争和为富人减税的形式开出了安非他命疗法。布什发出了去购物的邀请，实际上却促使私人和公共债务前所未有地增加。

与此同时，一场全球性的运动爆发了：反对集体智慧，反对研究自由，反对公立学校。

从长远来看，基于人为诱导欣快感以治疗抑郁症的方法是行不通的。抑郁的有机体迟早会崩溃。强调竞争性生活方式和永久性地刺激神经系统，为全球经济的最终崩溃埋下了伏笔。而这一幕如今正在惊愕的人类眼前上演。

新自由主义理念认为：经济体系的各种组成部分之间存在固有的平衡。但这是一个有缺陷的理论，因为它没有考虑到社会心灵的系统性影响。因此，双相情感障碍经济从狂喜摆动到恐慌，现在正摇摇欲坠地处于深度抑郁的边缘。

超出我们的知识范围

经济学家和政治家们都很担心。他们称之为危机,他们希望它会像过去一个世纪中多次扰乱经济,但最终消失,并使资本主义变得更强大的那些危机一样演变。

我认为这次不同。这不是一场危机,而是已经持续了五百年的系统的最终崩溃。

看看当前的形势。世界上的大国正在试图拯救金融机构,但金融崩溃已经影响了工业体系:需求正在下降,数百万人失去了工作。为了拯救银行,国家被迫从明天的纳税人那里拿钱,这意味着在未来几年,需求将进一步下降。家庭支出急剧下降,因此目前的许多工业生产将不得不停止。

在《国际先驱论坛报》最近发表的一篇文章中,温和保守派的大卫·布鲁克斯(David Brooks)写道:

> 我担心，我们的运作远远超出了我们的经济知识范围。

这句话恰中肯綮：全球经济的复杂性远远超出了任何知识和可能治理的范围。

2009年2月10日，美国财政部部长蒂莫西·盖特纳在提出奥巴马的救援方案时说：

> 我想坦率地说，这个全面的战略将耗费金钱，涉及风险，需要时间。我们将不得不根据情况的变化进行调整。我们将不得不尝试我们从未尝试过的事情。我们会犯错误。我们将经历事情变得更糟和进展不均匀或中断的时期。

尽管这些话显示了盖特纳的知性诚实，显示了与布什主义者相比，新的美国领导阶层令人印象深刻的不同，但它们确实指向了政治自信的真正崩溃。

我们从现代理性主义哲学中继承的政治和经济知识，放到现在是无用的。因为当前的崩溃是无形生产的无限复杂性和一般智力在面对资本主义治理与私有财产框架时的不兼容性或不适应性的结果。

现在统治世界的是混沌（比如可能超出人类理解能力的复杂程度）。混沌意味着一个太复杂的现实，不能简化为我们当前的理解范式。资本主义范式不再成为人类活动的普遍规则。

我们不应该只从经济角度来看待当前的衰退。我们必须将其视为一个人类学意义上的转折点，它将改变世界资源和世界权力的分配。基于增长的模式已经深入人心，因为它渗透到日常生活、感知方式、需求体系和消费模式之中。但增长已经结束，可能再也不会回来，不仅因为人们再也无力偿还过去 30 年积累的债务，而且因为这个星球的资源已逐渐枯竭，社会认知体系也处在崩溃的边缘。

灾难和形态发生

当下经历的过程不能定义为危机。危机意味着一个有机体的解构和重构,但它依然能够保持其功能结构。我不认为,我们会看到资本主义全球结构的任何重新调整。我们已经进入了一个重大的灾难性形态发生的过程。基于收入和工作表现的联系的资本主义范式无法(在符号和社会层面上)构建当前的一般智力配置。

在 20 世纪 30 年代,新政的机会建立在物质资源的可用性及增加个人需求和消费的可能性上。但现在这一切都结束了。地球正在耗尽自然资源,世界正走向环境灾难。当前的经济低迷和油价下跌,正在加剧地球资源的枯竭和耗尽。

同时,我们无法预测社会个人消费的繁荣,至少在西方是如此。因此,期待这场危机的结束或新的全面就业政策是完全没有意义的。未来将不会有全面的就业。

全球经济的崩溃,不仅是金融泡沫破裂的结果,还是并且主要是工作泡沫破裂的结果。过去5个世纪,我们工作得太多了,这是简单的事实。工作得太多,意味着放弃了重要的社会功能,意味着将语言、情感、教学、治疗和自我照顾商品化。

社会不需要更多的工作、更多的就业机会、更多的竞争。相反,我们需要大规模减少工作时间,从社会工厂中神奇地解放生命,以重新编织社会关系的结构。解除工作和收入之间的绑定关系,将为社会任务释放巨大的能量,这些任务不再被视为经济的一部分,它们应该再次成为生活的形式。

随着需求的缩减和工厂的关闭,人们会缺钱,无法购买日常生活所需。这是一个恶性循环,经济学家都非常了解,却完全无法打破,因为它是经济注定要滋养的双重束缚。生产过剩的双重束缚,不能通过经济手段解决,只能通过人类学的转变,放弃以工作换取收入的经济框架来解决。我们同时面临着价值的过剩和需求的萎缩,现在迫切需要重新分配财富。收入应该是绩效的奖励，这是一个我们必须彻底摆脱的教条。每个人都有权获得生存所需的金额，而工作与此无关。

工资不是自然给定的，而是社会领域特定文化塑造的产物：将生存与从属于剥削过程联系起来，这是资本主义增长的需要。现在我们需要让人们释放他们的知识、智慧、情感。这是今天的财富，而不是强迫性的无用劳动。除非大多数人从收入和工作之间的联系中解放出来，否则痛苦和战争将是社会关系的常态。

如何治疗抑郁?

尽管加塔利和德勒兹很少使用"抑郁"一词（如果有的话，也是用"D"这个字母代替），但他们在合著的最后作品《什么是哲学?》，以及加塔利最后一部作品《混沌互渗》中，针对这个话题谈了一些非常有趣的东西。在《什么是哲学?》的最后一章中，他们谈到了混沌。按照他们所说，混沌与符号圈的加速、信息外壳的增厚有很大关系。正如我在本书前几部分已经说过的，象征、符号和信息刺激的周围世界加速制造了恐慌。抑郁是恐慌性加速后的欲望失活。当你不再能够理解刺激你大脑的信息流时，你倾向于放弃交流领域，禁用任何智力和心理反应。让我们回到前面已经引用过的一段话：

> 最令人痛苦的，莫过于一个逃离自身的想法，莫过于那些飞走的尚未成形就消失、

就被遗忘侵蚀的观念，或加速进入我们不再掌握的其他观念。[1]

我们不应该将抑郁仅视为一种病理，还应该将其视为一种知识形式。詹姆斯·希尔曼说，抑郁是一种心境，在那里，心灵面对无常和死亡的知识。痛苦、不完美、衰老、分解：这是你可以从抑郁的角度看到的真实。

在《什么是哲学？》的引言中，德勒兹和加塔利谈到了友谊。他们认为友谊是克服抑郁的方法，因为友谊意味着分享一个意义，分享一个观点和共同的节奏，用加塔利的话说，就是分享一段共同的迭奏。

在《混沌互渗》中，加塔利谈到了"对主体性的异质理解"：

> 丹尼尔·斯特恩在《婴儿的人际世界》中显著地探索了婴儿在前语言阶段的主体形成问题。他表明，问题根本不在于弗洛伊德意义上的"各个阶段"，而在于整个人生的发

展过程中并行并保持原状的主体化的诸层面。因此,他抛弃了弗洛伊德学派所提出的各种情结的心理发生的、被过分吹捧的特点,而这些情结被阐述为主体性的结构性"共相"。此外,他强调了婴儿早期体验所固有的跨主体性特征。[2]

在加塔利的精神分裂分析视域中,精神病发生的奇异性是其核心。这也意味着治疗过程的奇异性。

> 这并非仅仅是对患者在精神病危机之前就已存在的主体性进行重塑,而是一种独特的创造过程……这些情结实际上为人们提供了多种可能性,以重新构建其存在的肉身性,从而摆脱重复的困境,并在某种程度上实现自我重塑。[3]

我认为,不仅应该将这几句话看作心理治疗宣言,而且应该看作政治宣言。

用加塔利的话来说,精神分裂分析的目标,

不是在患者的行为中重新安装普遍规范,而是使他变得奇异,帮助他意识到他的差异,赋予他与他的差异、他的真实可能性相处的能力。

在治疗抑郁时,问题不是将抑郁的人带回正常状态,将行为重新整合到正常社会语言的普遍标准中。治疗的目标是改变抑郁时注意力的焦点,让其重新聚焦,为灵魂和表达流进行解域。抑郁症基于存在性迭奏的僵化,基于其强迫性的重复。抑郁的人无法走出去,无法离开重复的迭奏,他只会不断地回到迷宫中。

精神分裂分析师的目标是,让抑郁的人看到其他风景的可能,改变焦点,开辟新的想象路径。

我认为这种精神分裂分析的智慧与库恩的范式转变概念有相似之处。当科学知识陷入困境时,就需要发生范式转变。在《科学革命的结构》(1962)中,库恩将范式定义为"一群人共享信念的星座"。因此,范式或许可以视为一个模式,使我们能够理解某些现实的集合。库恩认为,科学革命就是创造一个新模式,比先前的认知模式更适应变化的现实。

希腊语中的"认知"一词,意味着面对事物:认知范式是使我们能够面对现实的一种模式。范式是一座桥梁,使朋友们能够跨越虚无的深渊。

克服抑郁意味着一些简单的步骤:打破执念的局限,重新聚焦并改变欲望的风景,同时,还需要创造一系列新的共享信念,共同感知一个新的心理环境,并构建一种新的关系模式。

德勒兹和加塔利说,哲学是创造概念的学科。同样,他们认为,精神分裂分析这门学科也是通过解域化强迫性框架来创造感知和情感。

在当前情况下,精神分裂分析方法应该作为政治疗法加以运用:双相型情绪障碍经济正陷入深度抑郁。21世纪头10年发生的事情可以用精神病理学的术语(恐慌和抑郁)来描述。当事情开始旋转得太快,我们不再能理解它们的意义,不再能理解在资本主义交换的竞争世界中它们的经济价值时,就会产生恐慌。当周围信息流的速度和复杂性超出社会脑解码和预测的能力时,就会产生恐慌。在这种情况下,欲望撤回其投资,而这种撤回导致了抑郁。

在次贷危机和随之而来的全球崩溃之后，我们就处于这样的境况。

现在怎么办？

经济崩溃不能用经济思想的工具来解决。因为经济概念化实际上是问题，而不是解决方案。

收入和劳动的严格关联、对增长的狂热追求、兼容和竞争的教条：如果我们想从我们的抑郁中走出来，这些是我们的社会文化必须摆脱的致病特征。在主流政治话语中，克服抑郁意味着重新启动增长和消费的动力：这就是他们所说的"复苏"。但这将是不可能的，因为集体债务无法偿还，因为地球无法支持资本主义扩张的新阶段。增长经济本身就是毒药；它不是解药。

在过去的10年中，法国人类学家塞尔日·拉图什（Serge Latouche）一直在谈论作为政治目标的"去增长"。现在，去增长已经是一个事实：当世界各地的国内生产总值都在下降，工业系统的各部分都在崩溃，需求正在急剧萎缩时，我们可以说，去增长不再是未来的方案，去增长已经在这里。

问题是社会文化还没有为这种情况做好准备，因为我们的社会组织建立在消费无限扩张的观念之上。现代灵魂是由私有化的概念和消费不断增长的影响塑造的。

财富概念必须被人们重新审视：不仅是财富的概念，还有何为富有的认知，都必须被人们重新审视。将财富与购买力等同的观念，深深地植根于社会心理和情感中。但是，有一种不同的财富理解方式是可能的，它不是基于拥有，而是基于享受。我并非主张在集体财富观念上进行苦行主义的转变。我认为，感官快乐将始终是幸福的基础。但是，什么是快乐？现代性的规训文化已经将快乐与拥有等同起来。经济思维创造了稀缺性，将社会需求私有化，以便使资本主义积累的过程成为可能。这就是当前抑郁的根源。

无尽的治疗过程

我们不应期望社会景观会迅速变化,而应期待新趋势的缓慢浮现:共同体将放弃崩溃的经济领域;越来越多的个体将放弃寻找工作,转而开始创建经济之外的生活网络。

何为幸福和富有的认知,将朝着节俭和自由的方向发展。

通过这次急需的文化革命,服务和商品的非私有化将成为可能。但这不会以计划和统一的方式发生。它将是独特个体和群体撤退的结果,是在共享事物和服务的基础上,在解放时间用于文化、愉悦和情感的基础上创建经济的结果。

与私人财产画等号的幸福感是如此根深蒂固,以至于我们不能完全排除人类环境最终会变得野蛮的可能。但是,一般智力的任务正是这个:摆脱偏执,创造人类抵抗区,尝试基于高科技-低能耗模式的自治生产形式,用一种比政治更具有治疗性的语言来呼吁人们。

在未来的日子里,政治和治疗将融为一体。人们会感到绝望、沮丧和恐慌,因为他们无法应对后增长经济,他们将怀念我们正在解体的现代身份。我们的文化任务将是照顾这些人,照顾他们的创伤,向他们展示如何追求和适应身边的幸福。我们的任务将是创造人类抵抗的社会区域,创造具有治疗性的隔离区域。资本主义不会从全球景观中消失,但它将失去在我们符号化中的普遍范式作用,它将成为社会组织的一种可能形式。共产主义将是摆脱资本主义统治的一种可能的自治形式。

在20世纪60年代,卡斯托里亚蒂斯(Castoriadis)和他的朋友们出版了一本杂志,名为《社会主义或野蛮》(*Socialism or Barbarism*)。

不过,你可能会想起,在《千高原》的《导论:根茎》中,德勒兹和加塔利认为,选言命题(或者……或者……或者)正是我们试图忘记的西方形而上学的主导模式。但他们用连接模式来反对这种分裂模式:

> 根茎没有开始或结束,它总是事物之间的中间,存在之间,间奏曲。树是分支,但根茎是联合,独特的联合。树强加了动词"是",但根茎的结构是连接词"和……和……和……"。这个连接词有足够的力量,动摇和根除动词"是"……建立起一个"和"的逻辑,推翻本体论,废除基础,使终结和开始无效。[4]

自主性的过程不应视为扬弃,而应视为治疗。从这个意义上说,它既不是总体化,也不是旨在破坏和废除过去。

在一封写给他的老师弗洛伊德的信中,年轻的精神分析家弗利斯问,什么时候可以认为治疗结束,可以告知病人"你没事了"。弗洛伊德回答说:当一个人明白治疗是一个无尽的过程时,精神分析就达到了它的目的。

自主性的过程也是一个无尽的过程。

注　释

引　言

[1] *The Philosophy of Epicurus*, translated by Gorge K. Strodach, Evanston: Northwestern University Press (1963), pp. 128–129.

Ⅰ　20世纪60年代哲学中的劳动与异化

[1] Karl Marx, *Theses on Feuerbach* in Karl Marx, (with Friederich Engels), The German Ideology, Prometheus Books: New York, (1998), p. 574.

[2] Jean-Paul Sartre, "A Plea for Intellectuals", translated by John Matthews, in *Between Existentialism and Marxism*, New York: Pantheon, (1974), pp. 228–231.

[3] Karl Marx, *The Grundrisse* Edited and Translated by David Mc Lellan, New York: Hatper Totchbooks, (1972), p. 143.

[4] http://www.marxists.org/archive/marx/works/1844/manuscripts/labour.htm.

[5] 同上。

[6] 同上。

[7] *Hegel and the Human Spirit: a Translation of the Jena Lectures on the Philosophy of Spirit (1805–1806)* with commentary by Leo Rauch, Detroit: Wayne State University

Press, (1983), p. 120.
[8] G. W. F. Hegel, *The Phenomenology of Spirit*, translated by A. V. Miler, Oxford University Press (1977), p. 10.
[9] Martin Jay, *The Dialectical Imagination: A History of the Frankfurt School and the Institute of Social Research 1923 – 1950,* Toronto, Little Brown & Company, (1973), p. 274.
[10] Herbert Marcuse, *Reason and Revolution. Hegel and the Rise of Social Theory*, London, New York: Oxford University Press, (1941), p. 277.
[11] http://www.marxists.org/archive/marx/works/1844/manuscripts/labour.htm.
[12] Mario Tronti, *Operai e capitale*, Torino: Einaudi (1973), p. 261; "The Struggle Against Labor", *Radical America*, Volume 6, number 3 (May-June 1972), pp. 22 – 23.
[13] Luciano Gallina, *Nota a L'uomo a una dimensione*, Torino: Einaudi, (1967), p.262, English version by the translator.
[14] Herbert Marcuse, *One Dimensional Man: Studies in the Ideology of Advanced Industrial Society*, Boston: Beacon Press (1966), p. 1.
[15] 同上,第 31—32 页。
[16] Louis Althusser [and] Etienne Balibar, *Reading "Capital"*, translated [from the French] by Ben Brewster, London, NLB, (1977), p. 17.
[17] 同上,第 34 页。
[18] 同上,第 24—26 页。
[19] 同上,第 34 页。
[20] Karl Marx, *The Grundrisse*, op. cit., pp. 34 – 35.
[21] 同上,第 38 页。
[22] Karl Marx, *Capital: a Critique of Political Economy*, translated

from the third German edition by Samuel Moore and Edward Aveling, edited by Frederick Engels, revised and amplified according to the fourth German edition by Ernest Untermann. New York: The Modern Library, 1936, pp. 44–45.

[23] 同上,第 84 页。

[24] Karl Marx, *The Grundrisse*, op. cit. p. 133.

[25] 同上,第 134 页。

[26] 同上,第 138 页。

[27] 同上,第 142 页。

[28] 同上,第 142—143 页。

[29] 参见 Gregory Bateson "Toward a Theory of Schizophrenia," in *Steps to an Ecology of Mind: Collected Essays in Anthropology, Psychiatry, Evolution, and Epistemology*, Chicago: University Of Chicago Press (1972).

[30] Hans Jürgen Krahl, *Konstitution und Klassenkampf*, Frankfurt: Neue Kritik, (1971).

[31] Hans Jürgen Krahl, *Konstitution und Klassenkampf*, op. cit., p. 357, translated by Giuseppina Mecchia, cfr. Franco Berardi (Bifo), "Technology and Knowledge in a Universe of Indetermination," *SubStance*, # 112, Vol 36, no. 1, 2007.

[32] 同上,第 365 页。

[33] 同上,第 365 页。

[34] 同上,第 367 页。

[35] Herbert Marcuse, *One Dimensional Man; Studies in the Ideology of Advanced Industrial Society*, op. cit., pp. 86–87. Marcuse is quoting (cfr. footnotes 4 and 5) Stanley Gerr, "Language and Science," in *Philosophy of Science*, April 1942, p. 156.

[36] 同上,第 123 页。

[37] 同上,第 159 页。
[38] 同上,第 168—169 页。

II 工作中的灵魂

[1] Alain Ehrenberg. *La fatigue d'être soi: dépression et société*. Paris: Editions Odile Jacob, (1998), p. 10.
[2] 同上,第 18 页。

III 中毒的灵魂

[1] Robin, Léon, *Greek Thought and the Origins of the Scientific Spirit*, translated from the new revised and corrected French edition by M. R. Dobie, New York: Russell & Russell, (1967), p. 113.
[2] Félix Guattari, *Chaosmosis, an Ethico-Aesthetic Paradigm*, translated by Paul Brains and Julian Pefanis. Bloomington: Indiana University Press, (1995), p. 83.
[3] Gilles Deleuze, Félix Guattari, *What is Philosophy?* Translated by Hugh Tomlinson and Graham Burchell. New York: Columbia University Press, (1994), p. 208.
[4] Unpublished in English. Selected essays from *Psychanalyse et transversalité* (1972) and *La révolution moléculaire* (1977) have been published in Félix Guattari, *Molecular Revolution: Psychiatry and Politics*, translated by Rosemary Sheed, New York: Penguin, (1984).
[5] Félix Guattari, *Chaosmosis, an Ethico-Aesthetic Paradigm*, op. cit, p. 135.
[6] Gilles Deleuze, Félix Guattari, *What is Philosophy?*, op. cit., p. 201.
[7] 同上,第 201 页。

[8] 同上,第 213—214 页。
[9] 同上,第 203 页。
[10] 同上,第 204—205 页。
[11] Félix Guattari, *Chaosmosis, an Ethico-Aesthetic Paradigm*, op. cit, pp. 112 - 113.
[12] Gilles Deleuze, Félix Guattari, *What is Philosophy?*, op. cit., p. 205.
[13] Félix Guattari, *Chaosmosis, an Ethico-Aesthetic Paradigm*, op. cit, pp. 10 - 11.
[14] 同上,第 18 页。
[15] Roland Banhes, *Empire of Signs*, translated by Richard Howard, New York: Hill and Wang, (1982), pp. 27 - 28.
[16] Jean Baudrillard, *The Ecstasy of Communication*, translated by John Johnson, in *The Anti-Aesthetic, Essays in Post-Modern Culture*, edited by Hal Foster, Port Townsend, Wash: Bay Press, (1983), p. 126. 鲍德里亚在此引用他的第一本著作: *Le Système des objects*, Paris: Gallimard, (1968)。
[17] Jean Baudrillard, *The Illusion of the End*, translated by Chris Turner, Cambridge: Polity Press (1994), p. 15.
[18] Jean Baudrillard, *America*, London-New York: Verso (1989), p. 29.
[19] Jean Baudrillard, *Forget Foucault*, in Jean Baudrillard, *Forget Foucault & Forget Baudrillard: an Interview with Sylvère Lotringer*, New York, Semiotext(e), (1987), p. 17.
[20] 同上,第 17—19 页。
[21] Jean Baudrillard, *Forget Foucault*, in Jean Baudrillard, *Forget Foucault & Forget Baudrillard: an Interview with Sylvère Lotringer*, op. cit., p. 25.
[22] Jean Baudrillard, *In the Shadow of the Silent Majorities*, or,

The End of the Social, and Other Essays, translated by Paul Foss, Paul Patton and John Johnston, New York: Semiorext (e), (1983), p. 44.

[23] Jean Baudrillard, *The Illusion of the End*, op. cit., p. 17.

[24] Jean Baudrillard, *In the Shadow of the Silent Majorities, or, The End of the Social, and Other Essays*, op. cit., p. 46.

[25] Gilles Deleuze, *Expressionism in Philosophy: Spinoza*, translated by Martin Joughin, New York Zone Books, (1990), p. 28.

[26] 同上,第 119—120 页。

[27] Gilles Deleuze, Félix Guattari, *What is Philosophy?*, op. cit., p. 201.

[28] Jean Baudrillard, *In the Shadow of the Silent Majorities, or, The End of the Social, and Other Essays*, op. cit., pp. 60 - 61.

[29] Jean Baudrillard, *Symbolic Exchange and Death*, translated by Iain Hamilton Gram, with an introduction by Mike Gane, London: Sage, (1993), p. 4.

[30] Jean Baudrillard, *The Illusion of the End*, op. cit., p. 1.

[31] 同上,第 19 页。

[32] Jean Baudrillard, *Symbolic Exchange and Death*, op. cit., p.69.

[33] Jean Baudrillard, *The Spirit of Terrorism and Other Essays*, translated by Chris Turner. London, New York: Verso (2003), pp. 3 - 4.

[34] Sigmund Freud, *Civilization and its Discontents,* translated from the German and edited by James Strachey, New Yotk: w. w. Norton, (1962), p. 44.

[35] 同上,第 60 页。

[36] Jean Baudrillard, *The Intelligence of Evil or the Lucidity Pact*, translated by Chris Turner, Oxford, New York : Berg,(2005), p. 27.

[37] Gilles Deleuze, Félix Guattari, *What is Philosophy?*, op. cit., p. 201.
[38] Gregory Bateson, *Steps to an Ecology of Mind*, New York: Ballantine (1972), p. 205.
[39] 同上。
[40] Richard Robin, "Learner-based listening and technological authenticity" in *Language Learning & Technology*, vol. 11, n° 1, February, (2007), pp. 109–115.

Ⅳ 不稳定的灵魂

[1] Jean Baudrillard, *Symbolic Exchange and Death*, op. cit., p. 2.
[2] Michel Foucault, 1926–1984, *The Birth of Biopolitics: Lectures at the Collège de France, 1978–79*, edited by Michel Senellart, translated by Graham Burchell. Basingstoke [England], New York: Palgrave Macmillan (2008), p. 317.
[3] 同上,第 241—242 页。
[4] 同上,第 247 页。
[5] Kevin Kelly, *Out of control: The New Biology of Machines*, Social Systems and the Economic World. Addison Wesley (1994), p. 1.
[6] Eugene Thacker: "Networks, Swarms, Multitudes," CTHEORY (May 2004).
[7] Bill Gates with Collins Hemingway, *Business @ the speed of thought: using a digital nervous system*, New York, NY: Warner Books, (1999), pp. 23–38.
[8] Giovanni Pico della Mirandola, *On the Dignity of Man and Other Works*, translated by Charles Glenn Wallis, with an introduction by Paul J. W Miller, Indianapolis: Bobbs-Metrill (1965), pp. 4–5.

[9] Martin Heidegger, *Letter on Humanism*, in *Id. Basic Writings from Being and Time* (1927) to *The task of thinking* (1964), with general introduction and introductions to each selection by David Farrell Krell, New York: Harper & Row, (1977), p. 207.
[10] 同上,第 238—239 页。
[11] Martin Heidegger, *Off the Beaten Track*, edited and translated by Julian Young and Kenneth Haynes, New York: Cambridge University Press (2002), p. 71.

结 语

[1] Félix Guattari, *Chaosmosis, an Ethico-Aesthetic Paradigm,* op. cit., p. 6.。
[2] 同上,第 6—7 页。
[3] Gilles Deleuze, Félix Guattari, *A Thousand Plateaus.* Translated by Brian Massumi. London and New York: Continuum, (2004), p. 25.
[4] Gilles Deleuze, Félix Guattari, *What is Philosophy?*, op. cit., p. 201.